复兴交大的榜样力量

——西南交通大学“扬华人物”访谈录

主　编　高平平
副主编　任黎立　宋　刚　韩　冰　胡安辉
编　委　于　洋　臧亚萍　王　喆　姚　月
　　　　白红丽　林於明　郭利芳

西南交通大学出版社
·成　都·

图书在版编目（CIP）数据

复兴交大的榜样力量：西南交通大学“扬华人物”访谈录 / 高平平主编. —成都：西南交通大学出版社，2019.4

ISBN 978-7-5643-6776-3

Ⅰ. ①复… Ⅱ. ①高… Ⅲ. ①西南交通大学 - 教师 - 访问记②西南交通大学 - 大学生 - 访问记 Ⅳ. ①K825.46②K828.4

中国版本图书馆 CIP 数据核字（2019）第 058074 号

复兴交大的榜样力量

——西南交通大学“扬华人物”访谈录

主编 高平平

责任编辑	郑丽娟
助理编辑	何宝华
封面设计	严春艳
出版发行	西南交通大学出版社 （四川省成都市二环路北一段 111 号 西南交通大学创新大厦 21 楼）
发行部电话	028-87600564　028-87600533
邮政编码	610031
网址	http://www.xnjdcbs.com
印刷	四川煤田地质制图印刷厂
成品尺寸	170 mm × 230 mm
印张	16.25
字数	248 千
版次	2019 年 4 月第 1 版
印次	2019 年 4 月第 1 次
书号	ISBN 978-7-5643-6776-3
定价	68.00 元

序　言

获悉为此文集作序，翻看其中文章，看到在复兴交大的进程中，有这么一批青年教师和研究生学子们正在为之努力和奋斗，我甚感欣喜和欣慰。作为一名教育工作者，我深知榜样教育的巨大作用，正所谓“以身教者从，以言教者讼”。

那么，什么是榜样？不光是谱写在历史里，成为书本上、影像中能被记住的模样和印记，或许就是此时此刻你身边最熟悉的亲人、师长、同学和朋友。自古以来，我们便无法忽视榜样作为一种优秀精神品质的形象化身，所产生的内在感召力。

在我们的母校——西南交通大学，榜样也一直未曾离开我们。从以罗忠忱教授为代表的交大“五老四少”教师群体，到以走出了张维、严恺、刘恢先、林同骅的 1933 届土木班为代表的“院士班级”，再到以茅以升、竺可桢、黄万里为代表的优秀校友群体……这些知识的使者、学术的中坚、梦想的勇士，一直用行动与精神诠释着什么是榜样的力量。

除了老一辈“交大人”，还有一批正在为着新时代、新交大努力的“新交大人”，凭着对初心的坚守和对梦想的执着，同样也焕发着属于他们自己与众不同的光彩。翻开此文集，你可以看到在学术前沿领域精深开拓的中青年学者，亦可以看到将科研学习生活过得异彩纷呈的优秀研究生们。他们每一个人，都有着自己的故事，这些故事有机地汇合到一起，也就成了交大的故事，一个关于有着一百二十多年历史的交大在复兴道路上的新故事。这些故事虽是新的，但其中所体现的信念却是一贯的，那就是十六字校训：精勤求学、敦笃励志、果毅力行、忠恕任事。

究其所指，此文集的意义既在于此，又不止于此。榜样的故事已经发生，正在发生，也即将发生。我相信，这会成为“竢实扬华，自强不息”交大精神在研究生群体中的一种传承。

沈火明

2018.11

目　录

7　交大精神：我辈铭记“竢实扬华”

1 唐院传承：中青年学术领航人

每一次的脚踏实地和埋头苦干都是对理想的铭记。

在攀登学术高峰的途中，我们从不孤单，因为前路一直有我们亲切的良师益友为我们引路。

他们是成果累累的“超级明星”。

他们也是扎根科研的执着践行者。

这既是他们自己的故事，

也是交大精神传承的故事。

翟婉明院士

当今研究生进入大好机遇期

2017 年 10 月，我校首席教授翟婉明院士作为四川科技界的唯一代表在北京参加了中国共产党第十九次全国代表大会。翟院士刚一归川，就马上投入到紧张的工作中。那么翟院士带回来了哪些最新的一手资料，研究生作为科技创新的生力军该如何抓住这个新时代带来的机遇，如何更好地解读十九大精神和国家战略，更好地找准自己的科研定位和人生方向呢？扬华研究生新闻中心争取到翟院士工作空隙间的宝贵时间，在其办公室对他进行了简短的采访。

国家战略提供大好机遇

翟院士的办公室位于九里校区牵引红楼。不大的办公室中，资料书籍堆积如山，但却摆放得整整齐齐，一丝不苟。电脑显示器上是密密麻麻的邮件列表。翟婉明院士的脸上隐约有着一丝倦容，他的音调不高，但当回答记者的问题时，却难掩参加十九大的兴奋之情。

“这次的十九大报告指出要加快建设创新型国家的进程，并将‘交通强国’明确地提了出来，提升到战略的高度，这在以前是从来没有过的。我们西南交通大学的交通运输工程是全国第一的学科，轨道交通又是我们学校最最核心的领域和方向。交通领域一直是我校科学研究和培养人才的主阵地。现在，国家的这样一种战略，给我们提供了一个大好的机遇。在新时代的背景下，我们交大的研究生同时也进入到一个大好的机遇期。我们国家这次把‘交通强国’提出来，作为支撑创新型国家建设的重要的一环，可以预期到，国家将来在这个领域的要求会越来越高。相应的，国家在交通领域的一些政策、举措，对交通人才的需求和支持力度也会有很大的提升和改善。这就要求我们的学子，要好好地珍惜国家的机遇和平台，把自己的本领学好，将来投入到实际的科研工作中，发挥每一个人的力量，更好地成长起来。”

翟婉明院士同时建议交大的研究生们要将自己的梦想与国家大的机遇有机地结合起来。国家“交通强国”战略给同学们提供了广阔的应用舞台，交大学子竢实扬华，恰逢其时。

新时代交通人的担当

翟婉明院士本科、硕士、博士均就读于西南交通大学，并在母校展开了自己成果斐然、著作等身的科研生涯。对于母校，翟婉明院士有着深厚的感情，他们相互见证着对方的成长。而对于轨道交通事业，翟婉明院士早已将它牢牢地挑在肩头，鞠躬尽瘁。

“这次参加十九大，习总书记在前五年的工作总结中说，我国基础设施建设取得的成就首推高铁，可见，对我国高铁的发展，是给予了充分肯定的。”翟院士扶一扶眼镜，接着说：“把我国建设成为科技强国，要求我国科技领域的成果要在国际上处于领先的地位。但是目前，我们的差距还很大。轨道交通领域的科学研究，应该在其中担当起一个重要的方向。我国的高铁，从跟跑别的国家，到领跑别的国家，将来一定是会引领世界高铁的发展的。我们把高铁作为国家的一张亮丽名片打出去，达到世界的前列，这是我们轨道交通从业人员的责任。我们交大人在这个过程中，是一定要扮演自己的角色的，这是我们义不容辞的责任。”

“我们学校很好地传承下来了从唐院就有的优良学风——严谨治学。在这一块，我们学校的成就和表现是得到大家的认可的。交大在人才培养方面，一直以来都有显著成果。我们的许多校友，在核心关键技术领域撑起了一片天，是领域内的技术大拿，或者科研骨干，这和他们在学校得到的培养以及锻炼形成的良好素养是分不开的。”翟院士对交大的研究生们寄予了厚望：“我们现在的学生们，在本校学习，有很好的氛围，就更要将优良的校风学风发扬光大。我们要有交大的特质和精神，以杰出校友为榜样，将交大的精神传承下去。”

把自己的研究结合到国家的未来发展中去

翟婉明院士的科研之路也并非一片坦途，他也曾遇到过无数的挫折与磨炼。一路走来，他早已把艰难险阻看淡，坦然处之。当被问到当代的研究生如何在科研和学业中脚踏实地时，作为研究生导师的翟婉明院士将自己数十年的科研生涯的经历浓缩为了一段情真意挚的教诲，帮助在科研路上奋斗的研究生们找寻自己的方向。

“同学们一定要紧跟国家的大发展。十九大提出的一些方略，以及和学校相关的一些政策，我们自己要去对标，结合这个去明确自己的定位，明确自己的方向，把自己的研究结合到国家的未来发展中去。在国家提供的平台上，你做的东西可以直接地服务于广大的民众，你就会感到干劲冲天。”

习近平总书记在十九大报告中提到：“广大青年要坚定理想信念，志存高远，脚踏实地，勇做时代的弄潮儿。”谈及这一点，翟院士结合研究生的学习生活讲道：“我们交大的同学，首先要建立起自己的理想，要有梦想。但是，梦想的实现不是靠想来的，接下来要脚踏实地。我们要结合自己的实际，一步一步实现理想。比如说，我们交大的硕士、博士们，就要回到自己的学业中来，做好课程的学习，参与到老师的科研项目中，发挥自己的作用。在自己的具体实践环节中，沉下心来，一步一步学，做好研究。像我们搞工程的，要进行实验、现场调研、做测试，等等。我们要在自己的方向上去慢慢地寻求进步，不要着急。在现阶段，做好当下的事，有条不紊地锻炼自己，成就自己。”

回忆起自己的科研经历，翟院士说：“首先就是静下心来，一步一步，不管外界发生多大的变化，我只把自己的主攻方向持续往前推进。而在这个推进的过程中，我又会思索怎样更快、更好地完成。科研工作和别的不一样，要持之以恒地努力，有信心，舍得吃苦，一定会有结果。”

科研路上的风雨兼程者

“高铁、支付宝、共享单车和网购”作为外国人眼中中国的“新四大发明”，早已扬名世界。而高铁作为中国的名片，被排在了“新四大发明”的首位。当被问到对这一排名的看法时，翟婉明院士幽默地说：“看来群众的眼睛是雪亮的，哈哈。”

之后，翟院士补充道：“老百姓能实实在在地感受到高铁发展带给他们的实惠，我作为参与高铁研发的科研人员，很自豪，也很欣慰。高铁作为我国的‘新四大发明’之一，将来它的名气会叫得更响，它发挥的作用也会更大。”翟院士靠在了椅背上，他对我国高铁的发展充满自信：“并且这些都是可以预期的。”

“利用新能源和磁悬浮技术发展空铁”是翟院士团队目前的主要研究方向。作为一种新的城市轨道交通方式，空铁为解决城市交通拥挤问题提供了一种新的解决方案，从而形成从地下地铁到轻轨，再到悬挂空铁这样一种立体的、综合的城市交通系统。这样的一种新能源空铁，既实现了对环境的保护，又解决了城市机场和景区等客流大的区域的交通拥堵问题。

据翟院士介绍，目前相关试验非常成功，已经进入标准制定阶段。同时，项目处于向商业示范线迈进过程中。下一步目标是建设商业运营的示范线，这将更好地服务民众。接下来，也要与当地政府结合推动，一步一步制定方案。在自主创新方面，空铁可以保证旅游景区井然有序，并且节能环保，效率很高。

采访结束时，天色已经很晚，夜幕凝重。翟婉明院士望望窗外，轻轻地说道："已经很晚了啊。"送走记者，他又继续伏案工作。

走出牵引实验室红楼，楼门前的池塘里，锦鲤悠闲地徜徉其中。就是无数个这样的寂静无声的夜晚，那一扇扇亮着灯光的窗户，推动着我们国家的交通事业一步一步向前走着，为了那个伟大的梦想，无怨无悔。作为交大的研究生，虽然我们在科研的路上刚刚起步，但有一种精神、一种态度、一种梦想、一种信仰，需在最初的时候就埋下深深的种子，静待清风徐来。

翟婉明院士为交大学子们写下寄语：

新时代带来了新机遇，愿交大学子在建设交通强国的征程中贡献力量，成就梦想！

翟婉明

2017.11.16

扬华研究生新闻中心记者 王喆 付朝辉 报道//高畅 张冕轩 摄影

何正友

师者风范　学者情怀

照片由被访者本人提供

何正友，博士、西南交通大学特聘教授、博士生导师，电气工程学院副院长。教育部“长江学者”特聘教授、国家杰出青年基金获得者、国家“万人计划”领军人才、科技部中青年科技创新领军人才，享受国务院政府特殊津贴，詹天佑铁道科学技术奖、茅以升铁道科技奖获得者，四川省青年科技创新团队、四川省学术和技术带头人。美国康奈尔大学高级访问学者。现任英国工程技术学会会士（IET Fellow），电气与电子工程师学会高级会员（IEEE Senior Member），国际自动控制联合会电力与能源系统技术委员会成员（IFAC TC6.3 Member）、中国电工技术学会理事、中国电机工程学会电工数学专业委员会副主任委员、中国机械工业协会电自分会副主任委员、智能电网重点专项责任专家、国家自然科学基金评审专家。作为本科班导师，指导的班级分别获得“全国先进班集体”“全国五四团支部”。

何正友教授近年主要从事电力系统信号与信息处理、(交通)能源互联网等领域的教学与科研工作，获国家科技进步奖2项（分别排名第四、第九）、省部级奖励8项、国家教学成果奖2项（分别排名第三、第五）。

孜孜向学，摆渡于理论与实践之间

1995年，何教授获得重庆大学硕士学位，被分配到四川江油发电厂热工车间程控班工作。踌躇满志的他，面对钻地沟、爬锅炉等工作没有丝毫推脱和敷衍。岗位的性质决定了他不光要干，而且还要以积极主动、认真负责的态度努力做好。然而，随着工程实践的日益深入，何教授也越来越意识到了理论知识的重要性。他渴望进一步提升自己的理论水平，期待有朝一日能够以更新和更扎实的理论基础来指导工程实践创新，更好地实现自身价值。三年后，他毅然辞去了当时待遇和认可度双高的电厂工作，下定决心跨专业报考电气工程领域的博士研究生。凭借踏实刻苦的努力，1998年，他顺利成为西南交通大学电力系统及其自动化专业的一名博士生，师从轨道交通电气化与自动化领域泰斗——钱清泉院士。

谈及这次重大的人生选择时，他分享了一些经验给当下面临择业的研究生们。他认为本科、硕士、博士毕业，只要努力，都会有精彩的人生。但如果要选择攻读博士学位，首先一定要有明确的目标，这种目标可以是基于自己的生存需要，也可以是追求人生理想。“当然拥有‘高大上’的目标更好，比如徐校长曾经说过的‘视学术为志业’。这种志业将学术视作自己的生命，从心底热爱学术。它超越物质功利、秉持人文情怀、担当社会责任，只为探寻真理和创造更精彩的世界。不管哪种目标，你得想清楚、得坚定，只有这样，才能不受外界各种声音的干扰，才能在遇到困难时不退缩，在逆境中不断成长。”何教授如是说道。

1998年，何教授开始了自己的博士研究生涯。这期间，既有学习基础理论知识和掌握软硬件工具的“破冰期”，也有好奇心得到满足的“蜜月期”，而更多的则是苦思冥想解决理论技术难题的“煎熬期”。但是他始终保持着强烈的求知欲，以一股“不服输、不甘心”的劲儿，战胜了一个又一个的困难。

多年来，何正友教授摆渡于基础理论学习与工程实践之间，坚持将理论研究成果应用于工程实际，在电力系统和轨道交通领域都取得了不错的科研业绩。凭借着踏实刻苦的努力，他 30 多岁便被破格评为正教授，并逐步组建起现在的科研团队，一步步实现着自己的人生价值。这一切得益于他在年轻时没有甘于安逸舒适的生活，而是选择了一条更艰难的路，以自己的求知欲、上进心开拓新征途。

学为人师，倾心于学生综合素质培养

作为大学教师，何正友教授获得了不少荣誉，而他更为珍视的是“老师”这一角色，他也更为享受学生口中的一声声“何老师”。相比于个人荣誉，更让他有成就感的是看到他所培养学生的成长、成才。

“我获得过一个虽然我个人没有荣誉证书，但是至今为止让我最为骄傲的业绩。作为班导师指导的 2006 级电气 2 班在 2008 年获得了‘全国先进班集体’。”何老师像一位慈爱的父亲一样开心地说道。

2006 年，何老师首次担任本科班导师，指导 2006 级电气 2 班同学们的学习与生活。四年间他坚持进行寝室走访，组织体育比赛、参观实验室、指导科创等活动，并且鼓励学生进实验室参与科研项目。在他的悉心指导下，班里的每位学生都取得了很大进步，这个班从第一学期全年级倒数第 2 名提升到毕业时全年级第 1 名，最后免试研究生比例达 60%，有多人成功免试到浙江大学、华中科技大学等电气工程专业的强校攻读研究生。“比成绩更为重要的是，我要求他们要有团队精神、奉献精神和拼搏精神。2006 级电气 2 班在班级活动、志愿服务和科创竞赛中都取得了优异的成绩。时至今日，我的学生会在节日给我发来问候短信。他们知道我到他们所在的城市出差，都会来找我交流、叙旧，这是我当老师以来最欣慰和最值得骄傲的事。”何老师欣慰地笑着说。

对于研究生的培养，何老师同样尽心尽力。他培养的研究生获评研究生国家奖学金 40 余人次、专项奖学金 30 余人次；获评四川省优秀毕业研究生、四川省优秀研究生干部、四川省优秀毕业论文 14 人次；23 名研究生获得国家留学基金委资助到国外联合培养与交流合作。最值得一提的是，他指导的学生中已经有 6 人获得了西南交通大学学生个人最高荣誉“竢实扬华奖章”。其中的一位奖章获得者武骁曾说：“一直以来，何老师都会把他在工作、生活和为人处世方面的要求或经验传授给我们……虽然何老师对我们的学习和科研要求十分严格，但他同样支持我们的个性发展和综合素质的提升。我很感谢何老师对我面面俱到的培养……”

在学生眼中，何老师不仅是一位严师，更是可亲的家长和可近的朋友。他一直将自己办公的工位安排在实验室的一个角落里，十几年来坚持和学生们坐在一起，只要没出差和开会，便能随时和学生一起交流讨论、科研实验，以自己的言传身教感染和带动着学生。除此以外，何老师还会组织各种体育比赛、素质拓展活动，让师生们都具备良好的身心素质，加强彼此之间的交流，营造和谐友爱的实验室氛围。

倾心于学生培养的何老师，在获得第二届西南交通大学优秀研究生导师时，在获奖感言提到“努力构建和谐师生关系，做问心无愧的导师”，这既是何老师对十余年导师工作的总结，也是对自己提出的更高要求，更是他对所有研究生的郑重承诺。为了这个承诺，何老师在学生迷茫彷徨、担忧焦虑的时候，都会反反复复告诉他们：不用担心，只管努力地学习和研究、快乐地生活，一切都会好的！

“我有研究生，在他们读书期间，就经历了在他们这个年龄难以承受的打击，比如有的失去了至亲。每每了解到这些情况，我都会第一时间站出来，告诉他们，‘放宽心，有何老师在呢，不管是经济上、生活上还是学业上，何老师都会尽全力帮助你。’当他们振作起来，取得好成绩的时候，我都会当众夸赞他们，因为我深知他们一定希望家人能够看到他们呈现的精彩，为他们喝彩！就这样，我时常在心底叮嘱我自己，要尽力去做一个给学生托底的老师！”何老师动情地说。

潜心学术，致力于团结和谐的科研团队建设

正所谓“百花齐放春满园”。何正友教授深知，要在学科领域做出更好的成绩和贡献，必须建立起一支团结和谐、积极向上、素质过硬的科研创新团队。何正友教授所带领的这支团队，坚持以学生培养为中心、注重团队协作、敢于攻坚克难，先后培育出了一批又一批优秀人才，并取得了一系列的教学和科研成果。目前团队有教授 2 人、副教授 6 人、讲师 5 人，在读博士研究生 20 余名、硕士研究生 50 余名、留学生 7 人。团队于 2009 年入选西南交通大学创新团队，2012 年入选四川省青年科技创新团队，2015 年获西南交通大学科研团队创新奖。何教授敏锐地觉察到能源互联网发展必将催生能源变革、交通飞速发展带来高耗能、信息技术的发展给交通与能源的融合提供了契机，于是在 2017 年申请成立了西南交通大学（交通）能源互联网研究中心，后被评定为四川省国际科技合作基地。

团队从最初只有自己一人发展到现在拥有十余名教师，慢慢形成了“导师—青年教师—博士研究生—硕士研究生”的梯次式人才培养模式。以培养学生为本，着力于学生科研能力和综合素质的培养是团队的首要准则，同时让学生在一个个科研项目中历练自己各方面能力，推动团队科研项目的进展。如此使得培养学生、科研工作以及团队建设相辅相成、良性发展。

正是在这样的发展模式下，团队成长迅速。团队研究方向逐步稳定，形成包括输配电网保护与控制、电力系统信号与信息处理、电能质量与节能技术、大功率无线电能传输及应用四个科研方向。同时坚持科研选题密切围绕学科前沿与国家、行业重大需求，科研成果得到较好的推广应用，解决了生产实际的一些技术难题，在国内外学术界和行业领域产生较好的影响。值得一提的是，越来越多的研究生能够独当一面。比如电能质量测试小组，拎着自主研发的测试设备测试了全国多地的 60 余个高铁牵引变电所，带回了大量宝贵的现场数据，解决了包括合蚌、合武等多条高铁的谐波谐振、京沪高铁（徐州北）低频振荡、贵广高铁 10 kV 贯通线无功补偿等现场实际问题。再比如无线电能传输小组，从原理设计、方案论证，到组装、调试、试运行，从无到有，一步步搭建起国内首套大功率、高效率轨道交通无线供电试验平台。

目前，何教授与他的团队正处于良好的发展阶段，每一位成员都在用

自己的努力为团队的建设添砖加瓦。同时，团队的进步为大家提供了更好的平台，使大家感受到自己能力的提升和自我价值的实现，形成了师生相互影响、成员互帮互助的和谐进取氛围，让大家都愿意投入大量时间和心血到学习和科研中来。积极向上、勤奋刻苦、奉献精神、团队精神是大家所共同认可的价值观，这也是团队师生在日常学习工作乃至生活中践行的态度。

2018 年，凭借着“常讲常新、极具启发的教学工作，勇于创新、研用并举的科研工作”，何正友教授入选“长江学者”特聘教授。在他看来，“长江学者”既是一份荣誉，也是一份责任与担当，更是一份给自己教学科研、人才培养的巨大压力。

“人才是一个国家的核心资源。我们国家正处于最接近中华民族伟大复兴的时刻，我们更要兢兢业业、敢于担当、勇于担责，努力为人才培养和科学技术发展贡献自己的一份力量”，“心怀感恩，做人以诚，做事以敬，学习以恒”，始终以一名教师的敬业精神和强烈的责任感去培养学生，以一名科研工作者的开拓进取、勇于创新的使命感去攻坚克难，这便是何正友教授的师者风范与学者情怀。

当被问到“未来有什么目标”时，何正友教授笑着说：“争取培养出更多的优秀学生。”

问&答

记者：您认为研究生在学校阶段应该注意些什么或者培养一些什么样的能力呢？

何教授：研究生阶段的学习离不开科研学术，我认为三个关键词伴随研究生学习始终：目标、能力和坚持。

“目标”：研究生要“不忘初心、明确目标”。

不忘初心，方得始终。可能有些同学的初心是“接地气的”，比如拿个学位、找个更好的工作；有些同学的初心是“高大上的”，比如“视学术为志业”、热爱学术、探寻真理；或是追求卓越、突破创新、为中国高铁引领世界而奋斗；还比如担当社会责任，为国家民族富强而奋斗。我认为不管怀着哪种初心，你都得想清楚，都得有切合实际的目标。有了目标，然后坚定前行，只有这样，才能在遇到困难时不退缩，在逆境中不断成长。

“能力”：研究生要“收获能力、训练思维”。

目标明确以后，我们还要清楚，读研过程中我们到底能收获什么？以我十多年培养研究生的经验，我觉得至少应收获四种能力和训练一种思维。

第一是主动获取知识的能力。研究生学习是主动学习、创造知识的过程，是丰富想象、构筑梦想的阶段，主动能够形成有利局面，使你的学业或事业朝着自己期待的方向发展。第二是分析解决问题的能力。这项能力与研究方向和研究方法有很大关系，如果做工程技术，你可能练就了试验操作和数据处理能力；如果做理论分析，那么你的数学功底和建模能力、抽象能力会得到深入锻炼。我时常给学生说，读书期间研究什么不那么重要，研究过程中培养自己分析解决问题的能力更重要。第三是与人沟通合作的能力。一项系统性的研究工作，不仅需要自己独立完成，更需要与他人顺畅地沟通交流、协同合作。沟通交流是在思维碰撞中探究发现的途径，有认同也有分歧，良好的沟通和协作有助于我们避免偏执、减少错误。另外，与人合作，就要顾全大局、考虑他人；与人沟通，就要有效顺畅。因此，语言简洁、思路清晰、礼仪礼貌等都需要有意识地培养和提升。第四是书面和口头表达的能力。作为科研人员，多数时候我们需要将成果总结成文，因此应具备较好的书面表达能力；与此同时，我们会适时地在论坛或会议上宣讲我们的研究工作，这就需要具备较好的口头表达能力。我自己在成长的过程中的每一环节都要参与数不清的书面和演讲 PK，除了需要漂亮的申请书，还要精彩的演讲，可以说书面和口头的表达能力都是核心竞争力。

除了需要收获以上能力，最重要的是要训练一种思维，即严谨灵活的学术思维。严谨缜密的学术思维需要质疑，灵活的学术思维才能创新。

“坚持”：研究生要付出时间、坚持突破。

大家的智商情商都差不多，要想突显出来，就必须付出比别人更多的时间和努力。还有就是敢于迎接挑战、坚持突破。荀子曰：“锲而不舍，金石可镂。”科研就是探究未知、发现突破的过程，因此需要恒心和毅力。

记者：在科研中，您认为应当如何才能“拔尖”和“创新”呢？

何教授：纵观成功、卓越的科研人员的成长过程，我们会发现他们都具备一些共同的特质，值得我们学习。

第一，愿意付出比常人多的时间。所有成功的科研人员都有一个共同点，那就是他们都付出了大量的时间和心血。因此，想要成为科研人员中的佼佼者，想要变得“拔尖”，时间的付出是必要条件。我的学生一般每天在实验室工作10小时以上，每周60小时，不管优秀不优秀，首先训练的是“坐得住”。

第二，敢于迎接挑战、啃难啃的骨头。根据我多年培养学生的观察，科研人员最后能不能很好地成长，取决于早期能不能突破 1～2个难题。很多学生一遇到难题就绕道，一遇到难题就考虑重新选题，久而久之，没有了成就感，就没有了信心，能力也得不到锻炼。其实只要突破了1～2个问题，后面的进展都会很顺利。我想原因是在这个过程中学生掌握了一些解决问题的方法，更重要的是提升了自信心，增加了成就感。科研人员应该每隔一段时间就给自己设定一个目标，挑战一项有难度的研究工作，敢于啃那些难啃的骨头。不一定要求自己每次都能够顺利克服这些挑战，但是要努力尝试，不断提升自己。

第三，大胆突破学科间的界限，敢于学科交叉。21 世纪是以创造为特征的时代，不同学科间的交叉、融合将更为深刻和广泛。世界许多重大科学技术的突破都是从多学科的角度，运用多种知识、理论和方法才得以解决的。因此，科研人员要大胆突破学科界限，敢于学科交叉，注重基本理论中本质问题的渗透与互通。比如，我们这个学科现在常用的粒子群优化算法，就是电气工程博士和社会心理博士合作研究出来的，采用仿生学的手段来实现高性能的一种算法。

扬华研究生新闻中心记者 魏江楠 报道//王喆 编辑

邓自刚

真空管道磁悬浮列车背后的年轻实干家

铺设未来轨道这件事上，他是认真的。

2013 年，美国的一场科技大会上，硅谷“钢铁侠”埃隆·马斯克公布了超级高铁计划。该计划中，胶囊般的车厢将通过悬浮技术在地下挖出的真空管内以极高速度前进，从而让纽约和华盛顿特区的交通时间缩短到 30 分钟。这个异想天开的梦想刚刚面世时几乎毫无疑问地受到了广泛的质疑与抨击。

但在中国西南交通大学牵引动力国家重点实验室里，有一个“80 后”年轻人，正在默默地用自己的行动，努力将这个看似“疯狂”的梦想付诸实践。

在中央电视台《新闻联播》的镜头里，他是用青春力量托举大国重器的“高铁侠”。在凤凰网财经板块，他是正在让人类“颤抖”的中国七才之一。而在扬华研究生新闻中心记者们的面前，他就像实验室里坐在旁边的某一位默默无闻的师兄，幽默风趣，又谦逊可亲。

通往未来的轨道

在约定的时间，记者们在西南交通大学超导磁悬浮实验室里见到了等候的邓自刚教授。

实验室宽阔高大。广阔的空间里密布着列车车厢、高铁部件和诸多硕大机械设备，巨型起重机的粗壮臂膀悬挂其上。在这样噪声不息、钢铁林立的环境里，间或会有一两个步履轻快的研究人员闯入视野，让原本冰冷凝重的实验室又孕育着灼灼生机。

十几年前，作为西南交通大学学生个人最高荣誉“竢实扬华奖章”的获得者，邓自刚曾接受过一次扬华研究生新闻中心的采访。彼时尚未毕业的他给记者的第一印象是“平头，衣着朴素，喜欢笑，大声憨笑”。十载科研，似乎并没有对他的模样产生多大的影响，只是在他的眉眼间，添画了几笔成熟稳重。

在他的带领下，记者们见到了早已盛名在外的全球首个真空磁悬浮轨道和 360 度自稳定悬浮模型。前来实验室观摩的人络绎不绝。在演示成果时，他显得驾轻就熟。只是面对着自己学校的媒体，他更加体贴。当记者们体验乘坐磁悬浮轨道上的载人车时，他笑着嘱咐控制车速的实验室研究生：“速度快一点，要让他们体验到推背的感觉。”

360 度自稳定悬浮模型由一个“8”字形的立体轨道和一个黑板擦大小的特殊材料小车构成。无须通电，注入零下 196 摄氏度的液氮，小车就会瞬间变成超导体悬浮在类似莫比乌斯环的轨道上。车子既可悬浮在轨道上面，又可悬挂在轨道下面。与轨道脱离接触使得摩擦力降低为零，磁悬浮列车最基本的原理就这么简单。

而邓自刚又率先结合了“真空管道”概念，进一步减小空气阻力，在地面创造了一个接近飞机飞行的环境。磁浮列车平地起飞，目标速度直指每小时 1000 千米。这个速度超过了目前民航客机的飞行速度，是目前全世界高铁最高运营时速的近 3 倍。

2018 年，邓自刚所在实验室又有望启动“多态耦合轨道交通动模试验平台”，项目选址在天府新区，目前已经完成了专家论证。该试验线建成后，将可以完成时速 1500 千米的真空管道高温超导磁悬浮直道试验。这意味着，在他们的努力下，超音速的“近地飞行”会早日成为现实 。

国际上，美国正在做超级高铁，而日本正在研究低温超导磁悬浮列车的商业运行线。掌握原创性的核心技术，在这场大国间的未来竞争中变得越来越重要。邓自刚是一个敢做梦的人。早在十几年前，他已经投身到了这一前沿领域的研究中。而在将梦变为现实这一点上，他一直都是极为认真的。这无疑使他冲在了世界高铁竞争战场的最前列，成了下一代革命性技术研发的急先锋。

“老唐院”

2002 年，西南交通大学明诚堂，王家素和王素玉两位老师做了关于世界首辆载人高温磁悬浮车的学术报告。

这场学术报告，揭开了中国领先于世界的超导磁悬浮研究序幕。在场的学子无不被两位老师慷慨激昂的演讲深深感染。而两位老师一往无前和自信的人格魅力，也使得众多学子深深折服。经久不息的掌声响彻会堂，无数学子早已暗下决心，对台上神采奕奕的两位老师将要领导的事业无比神往。其中就有一个学生，在听完报告后，特意选修了两位老师开设的选修课，最终投身于超导磁悬浮的研究工作中，一步步走到了这一领域的前列。

16 年后，在牵引动力国家重点实验室的会议室里，面对着记者，邓自刚习惯性地翻着手中那本封皮已经粗糙残缺的笔记本。

谈起自己最初“当交警”的计划，他禁不住咧嘴笑了起来，调侃起自己当时的“无知”：“我高中毕业的时候，看到交通大学，就以为是培养交警的，所以就填报了。那时候我想着以后可以回家去当个交警。其实这个就说明我当时比较无知。”

高考后进入西南交通大学机械学院学习，复杂的工程类课程让邓自刚始料不及，而王家素和王素玉两位老师那场著名的学术报告更是彻底改变了他的人生轨迹。选修了两位老师的课以后，邓自刚提前进入实验室，一点点地去了解实验和团队。后来，大四保研时他顺理成章地攻读了实验室的硕士和博士。

在西南交通大学123年的校史里，学校曾数度迁址和更名。中华人民共和国成立后，学校曾用过“中国交通大学唐山工学院”“北方交通大学唐山工学院”“唐山铁道学院”等数个校名。而“唐院”这个简称，则成了交大辉煌的浓缩和几代交大师生最亲切的归属。与这个简称相伴的，是“老唐院”精神。

王家素和王素玉两位前辈老师无疑是“老唐院”精神最纯粹的践行者。“两位老师非常崇尚文化建设。我们实验室有自己的文化。我们的精神是‘立大志，致深远，求真知，开先河’。”邓自刚回忆道。时至今日，邓自刚自己又成了这一精神的传承人。

与时间的竞赛

在央视的采访中，邓自刚面对着镜头，自信而坚毅地说出：“在科学研究里面，只有第一名，没有第二名。”

1922年，德国工程师赫尔曼·肯佩尔（Hermann Kemper）提出了电磁悬浮原理，继而申请了专利。与西方国家相比，中国的磁悬浮技术起步晚了60年。1986年，西南交通大学率先召开了磁浮技术与磁浮列车技术研究大会，成为国内最早启动该领域研究的高校科研单位。同年，高温超导材料的研究取得了重大突破，西南交大第一代科研人抓住了机会，率先验证了高温超导磁悬浮列车的可行性。

前沿科技，国际竞争激烈，拼的就是要比别人快。

2000年，世界首辆载人高温超导磁悬浮列车于西南交通大学超导技术研究所研制成功。邓自刚真正进实验室是在2002年。那时，他有了一个目标——轨道交通世界最高速度600千米/小时。实验室的精神激励着他，一定要做一些标志性的东西出来。在邓自刚看来，“只争第一”的实验室文化并不算苛刻，而是自有其道理。

“学术里面，要讲究原创性。同样的东西，别人先做出来，就是别人发表。你再做出来同样的东西，就没有发表价值了。做研究来说，就是这样。一开始的时候，就要把目标定得前卫一些，要想到以后做出来有可能产生怎样的效果。如果没有较大亮点，我个人觉得就没有什么吸引力。研究的指标一定要比应用的指标高两倍。比如现在的高铁运营试验线速度能达到

400 千米/小时，我研究的东西就一定要到 800 千米/小时。”

采访的过程中，邓自刚不止一次地说起要用发展的眼光看问题。“一定要对自己做的东西有信心，而且一定要用发展的眼光。比如说，一个很简单的例子，我们第一条高铁是 2008 年才开始修的。当时能想到过了 10 年中国的高铁就发展成现在的这个样子吗？肯定没有人想到。所以说我们在学校，特别是做前沿科学研究的更应该有发展的眼光，应该给这些人以包容。因为我们需要有人去思考未来的技术。如果没有人去思考，那我们未来怎么办？所以，一定要以包容和发展的眼光来看待问题。只要是在做一些积极的尝试和努力，我觉得就是值得肯定和鼓励的。现在回过头来看，我们当时做的一些工作，非常有意义。习总书记在最近的演讲中也讲到了：国之重器、前沿技术，靠化缘是化不来的，靠钱是买不来的。我们这些基础的、原创性的技术研究，任重而道远。”

竢实扬华

2015 年 6 月 27 日，西南交通大学研究生毕业典礼上，毕业生代表王娟发言时数度哽咽。

“竢实扬华，如我不为，何人当为？竢实扬华，若非今日，更待何时！”

发言的最后，王娟的这句宣言慷慨激昂、掷地有声。而在台下的观众中，有一位交大的老师，也已经湿红眼眶，深深动容。

回忆起王娟发言时的场景，邓自刚语气里依然留存着激动：“当时我正处于自己的人生最低谷。我非常羡慕她，不是羡慕她的能力，而是羡慕她的那份自信。”

彼时，他在交大已经工作了 5 年。他觉得 5 年来自己最大的变化是没有了自信。在众多的坎坷中，他觉得丧失自信是最坏的。

邓自刚坚信勤能补拙，他经常教导自己的学生要“笨鸟先飞”。他自认为是一个枯燥的人，没有其他兴趣爱好，平时基本上所有的时间都是花在科研上。他刚从国外留学归国，在交大工作时，老一辈的教师都退休了。没有人能指导邓自刚和他的团队具体应该怎么做。他们所有东西都不得不一步一步探索，中间遇到了非常多的挫折坎坷，经常弄得“头破血流”。

“我觉得每个人发展的时候，遇到的机会不一样。其实我们能抓住的就是把能接触到的事情做好。我们这些学生，相对于现在来说，其实非常单纯，从来不会多想学习以外的事情。我觉得，做研究生，无论研究的是哪个方向，只要认认真真去做了，绝对会有亮点，会取得成就的。哪怕是一个小点也好。”

然而在研究成果不明朗的时候，他却受到了外界的诸多质疑。“不切实际”的误解时常困扰着他。看到自己努力的结果不被认可，邓自刚陷入了低谷。刚回国时的冲天干劲似乎消磨殆尽，内心也没有了最初的满腔豪情。

那段时期，邓自刚会在参加交大毕业典礼时，坐在台下格外专注地倾听所有优秀学子的发言。交大人的自信与坚毅，是邓自刚自我治愈的源泉。“如果你轻易地就被打败了，说明人家说的是对的，你一点坎坷都受不了。”

在一次带领自己的学生去爬山时，在山顶上，邓自刚大哭了一场。之后，他开始更专注地投入到科研中。

“我不喜欢反驳别人。因为我觉得反驳是没用的。我们就是靠实干来证明。比如，以前我们的车，有人评价说只能搭载 1 人，那我就做出能坐 100 人的车。有人评价说我们的车速度不高，只有 50 千米/小时。那么我就努力，让它跑得更快。我觉得这就是最好的证明——用事实告诉别人你可以。”

低谷的两年，在现在的邓自刚看来，其实是弥足珍贵的。“相对来说，沉淀的那两年，给了我独立的时间，让我能够静下心来做基础研究，为将来打牢基础。”

多年默默努力之后，邓自刚的研究成果得到了一些认可。超导磁悬浮迎来了比较好的发展机会。

在评职称的时候，邓自刚用了“不忘初心，勇往直前”这个表述。多年的坎坷沉淀，他依然对自己研究的东西充满热爱和信心。“我的初心是什么？就是磁悬浮事业。我会毕生尽自己最大的努力，不管遇到什么挫折，都勇往直前去推进这个技术。”

一个幸福的人

在科研这个纯粹理性的事情上，邓自刚是有点感性的。

“我觉得自己很幸福，因为现在我们团队发展得越来越好，学生也越来越多，有更多的人才愿意来。我觉得最快乐的事情就是和学生们在一起。在我们团队所有的工作内容中，我是把培养学生放在第一位的。当这个工作没有做好的时候，我会比较自责。比如说答辩的时候，我的学生在台上没有答好，其实在台下我是最自责的一个人。因为我觉得不管怎么样，归根结底是老师没有指导好。”

在邓自刚的眼中，未来要走的路还很长。经历过诸多磨难之后，他反而看淡了荣誉和赞美，而更注重内心的满足感。“奖项荣誉，过了也就不该再多想了。做好自己的事情，从中感觉到成就感和满足感，我觉得这才是最重要的。自己过踏实了最重要。”

记者好奇地问道：“那么您现在的满足感是来自哪里呢？”

邓自刚的语气舒缓了下来，他没有任何的思考，仿佛脱口而出。午后和煦的阳光从落地窗洒进会议室，恬淡，安谧。

“我们的学生，在努力积极地做事。我们的团队，在一点点地进步。我们研究的难题，在一个个得到解决。我觉得这些就是我特别满足的事情了。当我们的学生进步时，我是最感到满足的。”

往　事

2008年，扬华研究生新闻中心的记者前去采访第四届“竢实扬华奖章”获得者——西南交通大学超导技术研究所博士研究生邓自刚。

记者赶到采访地点时，邓自刚早已等候在那里了。和记者见面后，邓自刚就兴致勃勃地带记者参观了超导技术研究中心。他自豪地向记者谈及交大高温磁悬浮技术在世界的领先地位，熟练地播放幻灯片向记者演示高温磁悬浮试验，滔滔不绝地讲解高温磁悬浮专业知识和实验设备，全然不顾聆听者是不是这方面的专家。

在之后和记者交谈中，他几次提到做事情要脚踏实地。

那天，他神色坚毅地对记者说：“只要肯付出，脚踏实地去做一件事，我坚信几年之后一定会有收获！”

扬华研究生新闻中心记者 王喆 报道//张冕轩 摄影//于洋 编辑

杨维清

学生为其点赞的科研带头人

一名好的科研带头人是什么样的？

作为西南交通大学材料科学与工程学院杨维清教授的学生，我想我可以帮他回答这个问题。

当初我选择保研本校，就是因为先联系好了杨老师。他在我们学院非常出名，年纪轻轻就入选了四川省的“千人计划”，曾经在美国佐治亚理工学院深造的一年时间里就发了八篇论文的事迹更是让人叹服不已。所以当他问我愿不愿意去他们团队时，我毫不犹豫就答应了。

第一眼见到这位老师，我就觉得他踏实，有干劲。也不像一位教授，就像一个低调做研究的“大神”师兄。第一次交流，我们出乎意料地谈得来。杨老师很健谈，言语之间谈及的各种对科研的想法也让我觉得非常新颖。他总能说到点子上，稍微一提，就有四两拨千斤的效果。不知道哪里来的想法，第一次见面，我就暗自笃定，跟着他好好干，肯定能做出一番事情来。

这或许就是杨老师的人格魅力吧。

电量满格

开学进了组我就知道了，他确实是个非常有冲劲的人。

教授是科研的引路人，但是他不是像放羊一样拿着鞭子在后面驱赶学生，而是像放风筝一样，自己先风风火火地跑起来，还跑得飞快，简直让我们这一只只小风筝感到望尘莫及。

早上六点，杨老师就起床，去晨跑几千米，来到学校，就开始一天的工作。晚上十一点多到家，还要看一会儿书才睡。他的工作几乎是争分夺秒的，而且永远精神饱满、精力充沛，连说话的声音都是比别人要大上三分的。

他的工作效率超高，思维运转速度也非常之快。即使是在午餐这种休息的时间，和他一起共进一顿午饭，围绕着某一个点，他都能滔滔不绝地冒十几个新的想法出来。每次和他一起吃饭的时候，我都恨不得拿个笔记本来记着。

我们实验室的所有人，都对他能够一直保持这种斗志高昂的状态感到佩服又惊讶。我们每次见到他，他都是精神倍儿棒的。

杨老师给自己充电的方式就是跑步，他跑着跑着还可以吼上两句，酣畅淋漓地流一身汗，绷紧的弦又能舒张不少。

毕竟，身体是革命的本钱，所以他也经常给我们强调锻炼的重要性。他自己每天跑步雷打不动，还喜欢督促我们锻炼身体。有一次他晨跑完，给自己来了一张汗淋淋的自拍特写发到群里说："你看，我都锻炼完了，你们还没有起床。"大家都在屏幕那边拿着手机笑得前仰后合的。

师长力顶级

无论是工作还是生活，杨老师做事的积极和热情都特别能感染人。他也特别在意如何去调动整个团队的氛围。因此我觉得整个课题组都是"活的"，有创造的生机与活力。

其实除了思维活泛，他骨子里真正艰苦奋斗的精神是很足的，这种沉稳踏实的日常作风有着更大的磁场，无形之中给了我们莫大的榜样力量。有一个研究方向，我们六个同学扎在里面做，到现在一篇文章都没出。我们自己都开始急了，怀疑自己，但杨老师还一直在鼓励着我们，安慰着我们。他的态度立在那里，我们就始终有一块最坚强的心理后盾。

杨老师总是知道如何去呵护学生的自信心的。我能感受到，他对我们，就像是对一个个小火苗一样悉心照料着。这种难能可贵的细致关注，可能就是杨老师师长力最强的地方了吧。

他是很尊重、很珍惜学生的每一个想法的。他不会轻视学生哪怕很小的创意或者改进。有些老师或许会给学生“泼冷水”——你这个东西也叫创新？仿佛要学生做出天大的成就或者弄出一个完全新颖的东西才有资格站出来说话。但他不是。他有时候看到我们畏首畏尾着实难以下手的样子，甚至会走到我们旁边用一种类似开玩笑的语气说道：“哎呀你就乱弄一下，随便弄出个什么来，没事的。”

杨老师会表情放松地这么笑着，声音戏谑又特别温厚。把我们都弄得不好意思地笑起来。

开组会的时候他还经常说：“你哪怕张牙舞爪一点也好。我希望学生，特别是你们年轻的学生，不要唯唯诺诺。”每次他说到“唯唯诺诺”这个词时，语气加重，眉头紧皱，裹挟着强烈的恨铁不成钢之感，仿佛因此痛失了很多很多。

所以在杨老师的带领下，我们什么都敢想，什么都敢提，我们要做东西需要材料或者经费，杨老师都尽可能地给我们提供，还在精神上不断给我们加油打气。刚进组的新人们刚刚体会到杨老师的“豪气”作风，往往会觉得受宠若惊。我还记得有一次一个项目差 100 万，各方申请项目基金都遇到了很大的困难，杨老师说：“你们放心去做，钱的事情我一定想办法。”后来，他寻求到学校王顺洪书记的帮助，最终解决了经费问题。

如此有魄力的老师，我还真的没有遇到过第二个。

人格魅力

其实我们对他的尊重，除了因为他师长的身份，还有很大一部分是源自他个人的学术能力和人格魅力。他既让人感到尊敬，又让人感到朋友般的亲近。

他会把“能者为师”挂在嘴边，这句话简直成了人人耳熟能详的“杨老师金句”。谁有能力，谁掌握真理，谁就是老师。他鼓励我们都提出自己的想法，而不是去尊崇所谓的教授权威。

“教授的面子害死人啊。”一位水平高超、名声在外的教授说出这样的话，多少还是让人有点吃惊的。但是这句话从他嘴里说出来，还真不会让人觉得突兀，因为他给人的感觉就是安安稳稳、踏踏实实地扑在科研上，不带一点浮尘。他就把自己放在一个普通科研工作者的位置上，所以什么意见他都愿意听，在学术上，我们是可以用平等的身份去自由交流的。

杨老师还曾亲口对我们说过：“如果哪天我不做教授了，只能拉三轮车谋生，那我一定毫不犹豫地就会去的。我的生存能力是很强的。”我觉得这正是他这个人最有意思的地方。或许很多教授都是名牌大学毕业，顺利读研读博，各种优秀都贴在了身上，自带一股读书人的清高与傲气。杨老师的傲气却体现在极强的生存力和生命力上。把他放在什么样的环境，他都能快速适应。

他原来提到过：“刚到美国那会儿，压力大吗？大啊！别人都是什么清华北大的博士，我一个非科班的，又是半路出家。但是我会问啊，我就经常向这个向那个请教。我比不上你，但是我向你学习，我们做朋友嘛！我每天都工作到最后一个离开。回国一看，发现自己，哎，还不错嘛！”

我们都是极其愿意听杨老师讲这些的。细细思索，越听就越觉得是这个道理。就比如有人可能经常抱怨自己做科研特苦，杨老师就不会这么想。他一直教我们要怎么算账，就是只算自己赚的，不去算亏的。他说不要老是说做科研做科研，就说玩科研，意思就是做自己喜欢的事，做出来的成果还能标上自己的名字，这是多好的一件事。天天都是赚的，那还有什么不满足的呢，所以天天都能过得快乐。

杨老师这个人，总是相当乐观爽直的。他的嘴边不挂什么大道理，但是他的价值观坚韧质朴，就如同生长在泥土中的小草，任它怎样风吹雨打，也是动摇不了的。

当然杨老师也并非生来就是杨老师。他现在的心态与格局，除了本身的乐观性格，还真少不了丰富的人生历练。以前他是中学老师，是高中物理奥赛教练；现在他是大学教授，是入选四川省“千人计划”的杰出青年。以他现在所取得的科研成果，再回头看看这些年，可以称作是传奇了。

当然这就是另一个故事了。

扬华研究生新闻中心记者 何梦琳 报道//王泓颖 摄影//王喆 编辑

周国华

行之不辍，必有回响

照片由被访者本人提供

周国华，工学博士，教授，博士生导师，西南交通大学引进人才，四川省杰出青年学术技术带头人（培育），主要研究方向为电力电子变换器的控制技术、调制方法和建模分析，曾到香港理工大学和美国弗吉尼亚理工大学访问与深造。主持国家自然科学基金（面上项目）、高等学校博士学科点专项科研基金、霍英东教育基金会高等院校青年教师基金、四川省青年科技基金、中央高校基本科研业务费专项资金科技创新项目、西南交通大学引进人才科研启动基金、西南交通大学博士生创新基金和西南交通大学优秀博士学位论文培育基金等项目，主研国家自然科学基金 2 项、国家高技术研究发展计划（863 计划）重点项目子课题和“十一五”国家科技支撑计划子课题各 1 项，主研横向项目 6 项。出版学术专著 1 部、参与译著 1 部，发表学术论文 70 余篇（其中 SCI 收录源 50 余篇，EI 收录源 70 余篇），授权或受理发明专利 30 余项。曾获詹天佑铁道科学技术奖专项基金奖—研究生奖、国家公派专项研究生奖学金、西南交通大学优秀博士学位论文奖、四川省优秀硕士学位论文奖、IEEE ICCCAS 2007 会议最佳论文奖等荣誉。

点开周国华的教师主页，上面一段密密麻麻的文字便映入眼帘，左侧证件照里年轻而稳重的他，如今已经是一名教授。从 2013 年开始，他也有了自己的硕士生，而那个时候的他也不过才博士毕业两年。之前学校的首页新闻——“我校 2 篇论文获评 2013 年全国优秀博士学位论文”，让一向低调的他突然“火”了起来，实验室的硕士生经常会接到询问周老师联系方式的电话，放下电话后，他们都会相视一笑，“又是想要采访周老师的人”——对于他们来说，对这种电话已经习以为常了。

“全国优秀博士学位论文评选”是在教育部和国务院学位委员会的直接领导下，由教育部学位管理与研究生教育司组织开展的一项工作，现已成为衡量各高校博士生培养质量的重要指标。自 1999 年创办以来，在已举行的 15 届全国优博论文评选中，我校共入选 8 篇全国优博论文、11 篇全国优秀博士学位论文提名论文。而此次获奖，对于周国华来说，也只是在他获得的荣誉中再加入一项而已，研究工作仍将继续，人生长路也还在前行。热度背后，他依然是那个在实验室躬体力行的年轻导师。

交大十载追梦路，机缘巧合铸如今

周国华简历中的教育背景，除却在香港理工大学和美国弗吉尼亚理工大学的一年交换经历，其他清一色的都是西南交通大学电气工程学院，变化的只是后面的头衔：学士、硕士、博士、引进副教授（聘）、副教授（评）、教授。时间在走，身边的人也来来去去换了好几批，但保留未变的是那颗奋斗之心。

本科四年、硕士两年、博士四年，或许对其他人来说，十年在同一个地方做着同一件事，多少有点儿不可思议，但周国华却是甘之若饴。回望过去，他用机缘巧合四个字来形容自己的学术道路。在大四之前从未想过继续深造的他，却在失掉了保研的名额后，毅然决然地加入了考研大军。无声轮换的日月星辰，考研教室里沉默的桌椅板凳，陪伴着周国华度过了那段艰难的时光。好在上天从不辜负所有的努力，计划外的考研得到了意料之中的结果。从研究弱电的电子信息工程到研究用弱电控制强电的电力电子与电力传动，仿佛一次早已排练好的华丽转身，师从许建平教授，周国华开始了全新的旅程。

深厚的专业基础，扎实的学问精神，让周国华在硕士阶段意外地收获到一份礼物——2007 年，时为研二学生的周国华因为出色的科研成果，成了当年电气学院唯一一个提前毕业的硕士研究生。本想毕业后出去工作的他，却又因为与导师的谈话，改变了自己的主意。导师的殷切期望和自己对于专业的热爱让周国华再一次做出了计划外的选择，这一次他选择了留下，攻读博士研究生，走上了一条不少人都觉得困难重重的路。

缀辞之事未有易，珠玑得来须躬行

从古至今，做学问都不是一件容易的事情。关于博士，外界更是有着诸多不一的看法。而读博，对于周国华来说，却仿佛是水到渠成。对于未来，那时候的他没有想太多，只是专注于手中的课题研究。博士的课题依旧是硕士课题的延伸，对他来说，是既熟悉又陌生的领域：熟悉因为有着过去的努力，陌生是因为博士阶段，对于研究内容有了更深更广的要求。

攻读硕士研究生和博士研究生期间，周国华的课题都是围绕着电力电子变换器开展的。电力电子变换器在电气工程领域的应用极广，各类电子装置和高铁中均会有运用。控制电压稳定，接收到变化的直流输入电压后输出恒定的电压，这些对于外行人来说听都听不懂的概念，却是周国华开展科研的基础。焊接电路板、做仿真实验、核算数据、寻找实验失败的原因、建模分析……博士四年的岁月里，他的生活被这些枯燥的工作反复拉扯。流光易逝，但这些却在记忆里留下了最深刻的印记。

当社会中渐渐有声音在质疑当今高校培养的博士质量时，周国华依旧不忘初心，未失本我地努力前行，用自己的行动来反击质疑。晨露未晞，当师弟师妹拎着早餐打着哈欠到达实验室时，他早已打开电脑，完成了一轮仿真实验。星光微烁，当所有人都已快进入梦乡时，他才关上电脑，走过寂静的校园，回到寝室，“第一个到，最后一个走”俨然已成为周国华的标签。实验数据要确保精确，连一个小数点都不能打错；仿真实验效果一定要好，否则必须重做；领域中理论提出得越来越快，必须经常阅读最新文献掌握到最新的发展趋势。人们都羡慕博士学历高，但却不知道他们背后日夜付出的艰辛。研究不总是一帆风顺的，时常也会遇到瓶颈。克服瓶颈不是件容易的事情，周国华常常喜欢在这个时候多跟着导师参加学术会议，同业界专家、学者积极交流，从中寻找灵感和启发，突破自己的瓶颈。“他山之石，可以攻玉”，凭借着自己的不断努力和他人的帮助，周国华在研究生阶段的 6 年里，发表论文 70 余篇，为他之后博士论文的撰写打下了深厚的基础。

虽然现在周国华已经是多个国际期刊的审稿人，但他依然记得当年自己投递论文时，被 6 个审稿人提问，回答了将近 30 个专业性问题的样子。一步步地前行很是艰难，所幸结果是美好的。在不断地完善修改后，他的论文不断发表于各类 SCI 杂志、EI 杂志上，也最终成就了他那本厚达 230 多页的博士学位论文。当博士毕业答辩完之后，导师告诉周国华，学院将选择他的学位论文参与“全国优秀博士学位论文”评选。欣喜之余，他又担心自己的论文是否能够如大家所望成功入选。随后，他花了一年的时间修改完善论文，反复地增改删减、咬文嚼字，终于造就了一篇出色的博士学位论文。人们都会羡慕繁花密布的成功一刻，却很难注意到寂静无声的奋斗之路。对于这一次的荣誉，更加享受过程的周国华反而显得很淡然，办公室里的他，依然在一台电脑前翻阅着文献，对比着数据。

严师谨行修作为，人才强校省自身

得知自己的学位论文入选全国优秀博士学位论文时，周国华第一个反应是“总算没有辜负辛苦栽培自己的导师”。这么多年，导师许建平对于周国华的要求总是很严格：不仅实验数据要精确，花费的时间也要尽可能的少。对于科学研究，速度是一个很重要的因素。“老师自己做事很有效率，所以也要求学生们提高效率，就连我们一起走路，都得加快步伐才能跟得上他。”说起导师，周国华面露敬佩之意。六年时光，周国华在导师的带领下在学术之路上不断前行，生活中导师为人处事的态度也深深影响着他。“什么时候该做什么事，自己要清楚。”导师某次对他说的话，直到现在还深深激励着他毫不松懈地大步前行。

一路走来，周国华想感谢的导师还有很多，包括对他博士论文有极大帮助的包伯成老师，香港理工大学的薛志刚教授，美国弗吉尼亚理工大学的李泽元教授。在香港理工大学和美国弗吉尼亚理工大学的求学经历，让周国华对自己的研究领域有了很多新的想法。“李泽元教授算是我们领域的泰斗级别人物，跟着他学习让我常常有醍醐灌顶的感觉。”时至今日，周国华都很庆幸自己能够拥有这样一段学习的经历。不同的导师教会他不同的东西，没有导师的帮助，他相信不会有现在的自己。

而作为引进人才的周国华，对于现在学校提出的人才强校战略也是十分赞同。从国外回来以后，他认为学校现在提出的国际化战略、人才强校战略是每个高校要想更好发展所必须要走的道路。只有留住人才，多抓人才，才能在学术上有更大的建树。少年有志，没待成家先练笔；学者不倦，已得文凭尚温书。现在的他，也经常审视自己，是否符合“人才”的标准。“如果有可能，我希望能够再出国深造。”谈起未来，他的眼神里有种坚定的光。

“行之不辍，必有回响”，被命运之神眷顾的幸运儿都曾付出过不为人知的精力和汗水。所有的果都有着自己的因。相信这个一直前行的谦逊学者，一定会在未来创造出一番新天地。

扬华研究生新闻中心记者 邱槿怡 报道//阮璐洁 编辑

2 执着追梦：请记得前行的初心

不忘初心，是记得自己所追求的梦想；

不忘初心，是不耽于前行路旁的安逸；

不忘初心，是哪怕迂回百转仍不忘前行的方向。

保尔·柯察金曾说："一个人的生命应该这样度过，当他回首往事的时候，不因虚度年华而悔恨，不因碌碌无为而羞愧。"

当我们还年轻，当我们还有梦，当我们还有选择，我们选择日夜兼程，不迷失于惯性、不迷失于世俗、不迷失于柴米油盐。

追寻生而为人的梦想。

杨　倩

她在 *Science* 和 *Nature* 连发文章

2017 年 10 月 27 日，西南交通大学微信公众号发布消息，我校博士生杨倩参与的论文 *Size Effect in Ion Transport through Angstrom-scale Slits* 发表在国际顶级学术期刊 *Science* 上，成为“交大第一人”。

当大家还在惊讶于这一“学神”级的人物没有回过神来，同年 11 月 17 日，又传来消息，杨倩作为第一作者在国际顶级期刊 *Nature Materials* 发表了题为 *Ultrathingraphene-based membrane with precise molecular sieving and ultrafast solventpermeation* 的文章。

当谈及论文的研究过程，杨倩说，自己一直坚持“Better to be wrong than boring”。

11月初的成都，连绵阴雨几日之后终于放晴。在一个阳光充沛、暖意袭人的午后，扬华研究生新闻中心采访到暂时回国的杨倩。

灰色的外衣，内搭浅蓝色衬衫，长长的中分直发，精致的妆容，杨倩进门款款而坐，侃侃而谈，"活生生"地展示了什么是美丽且优雅的"学霸"。

作为我校2013届材料科学与工程专业（高分子方向）本科毕业生，杨倩以专业第一的成绩保送为我校材料学院（材料先进技术教育部重点实验室）周祚万教授的直博生，开展碳基纳米材料研究。在国家留学基金委和国家自然科学基金项目资助下，经导师团队积极推荐，杨倩于2015年前往英国曼彻斯特大学 Andre Geim（安德烈·海姆）教授课题组进行联合培养。

"以小我之力构建大我世界"

名为 *Size Effect in Ion Transport through Angstrom-scale Slits*（《离子在埃级别狭缝中传输的尺寸效应》）的论文，由西南交通大学荣誉教授、曼彻斯特大学诺贝尔物理学奖得主安德烈·海姆教授引领，杨倩主要承担埃级别尺寸通道的设计调控和器件组装等工作，并参与离子传输机理讨论等相关研究工作。整篇论文从观点提出到最终发表历时约两年，主要核心观点由安德烈·海姆教授提出，并由来自英国、新加坡、中国等多国的研究者们共同合作完成。

据杨倩介绍，这篇论文研究发现，一种精确构筑的埃级别石墨烯二维通道，盐离子可以采取挤压或平滑水合层方式穿过其中，实现对不同尺寸离子的差异化输运。在未来，这篇论文中的前沿性研究成果对于海水淡化的创新方法等具有理论支撑作用。

论文的发表令人欣喜，但前期的主要工作是耗时两年的反复实验。杨倩说，通常做完一批样品需要用到十几台设备，经过诸多严密的步骤，这个过程所花费的时间不等，"运气好"的时候可以一两个星期完成，然而这个过程常常会遇到很多其他因素使实验的进度不定。

在英国曼彻斯特大学的实验室里有顶尖的设备和优秀的团队，这些条件为前沿研究成果的萌芽提供了基础。"顶尖设备能实现顶尖想法，同样重要的是，团队的每个人都对自己的工作非常投入，彼此之间相互激励感染。

同时，团队成员们也常常交流讨论，及时发现问题、解决问题。同样，过硬的专业知识积累极其重要，只有对基础知识较为熟悉，才可以与文献积累碰撞出创新的火花。”杨倩谈着她眼中顶级学术论文产生所需的要素。

她坚信，没有谁可以不费吹灰之力就能完成一件伟大的事情，惊天动地之力往往非常人所能及，大部分的普通人，只有一步一脚印，不断坚持和努力，小我的力量得以汇聚才能更好构建大我的完美世界。

“兴趣是最好的老师，我只是比较幸运”

对于自己的专业，杨倩说：“起初，不了解时没有办法产生兴趣，经过不断地学习，了解之后才有可能产生兴趣。而我很幸运，找到了自己的兴趣所在。”在本科期间，杨倩认真对待学业，取得了专业第一的成绩。在课余时间坚持学习英语，这为她后来加入安德烈·海姆教授团队起到了很好的促进作用。

“材料专业的有趣之处在于材料有着多种多样的可能性。因为材料在所有行业中处于非常基础的位置，无论是人民日常生活还是国家基础设施建设都需要用到材料。”讲到自己的所爱，杨倩眼中闪着光彩，“材料拥有着各种各样诱人的性能，如电磁学性能、光学性能、机械性能等，所以它涉及的方面很多很多。作为一个有好奇心的科研者，总能在其中找到兴趣点，进而不断创新。”她如数家珍地讲述着材料专业的丰富与有趣。

“信水滴之心终得石穿”

杨倩坦言，以前博一博二时对于科研不太有自信，研究思路也不够丰富。看到别人的文章时通常也只是羡慕，更不认为自己有能够在顶级学术期刊上发表文章的机会。经过两年在专业内顶级团队的科研训练，杨倩更加理解了科研所需要的态度与方法。

“国内、国外的实验室没有太大的区别，在硬件设备上或许有一定的差距，但是研究者的个人能力、科研精神、科研态度都是一样的。真正好的研究者对于所在专业是非常热爱和有追求的。”杨倩谈到了安德烈·海姆教授："Andre 对于科研非常热爱，这几乎就是他的生活、休闲方式之一。不断地挑战自己、超越自己，并且和同行相互交流竞争，这是他的乐趣之所在。"

反复的实验是材料专业研究生的家常便饭，有时候杨倩会感到这个过程遥遥无期，但她认为在这种情况之下更应该坚持下去："往往再坚持一下，就能有不错的结果。" 多去做、不怕错是她认为非常重要的科研精神，要敢于有自己创新的想法并通过实验加以验证，而非停滞不前。杨倩说，尽管经常感到做科研的压力很大，但是在自己的心里要明白大的方向是对的，学着不断修正自己的方法和研究思路，科研的乐趣就在于不断地探索、不断地自我挑战。这样才能发现世界的多样性，创造属于我们生活的更好的可能性。

目前，杨倩在交大继续完成博士论文，争取明年能够顺利拿到博士学位，为学生生涯画上圆满的句号。"科研会是我未来继续做的事情。"杨倩决定毕业之后继续从事材料学专业的科研工作。

当杨倩被问到有什么学习建议可以给研究生师弟师妹们分享时，她认为有三点非常重要。首先，要扎实地打牢理论基础，掌握好最基础的知识点，这些积累会对以后做科研起到很大的帮助。其次，要做一些看似"无用"但是自己喜欢的事情，在未来会有意想不到的收获，每一份努力都会有回报。最后，就是要自我激励，对自己每天要做的事情有所规划，提高效率。

扬华研究生新闻中心记者 魏江楠 报道//何庭君 摄影//陈坤 于洋 编辑

黄林海

我与“实习僧”的修行之路

照片由被访者本人提供

《2016年中国大学生就业报告》数据显示，大学生毕业即创业比例连续5年上升，但成功率低得吓人，即便在创业环境较好的省份也只有5%左右。

看着这些数据，面对同一孵化园中创业团队的兴起沉浮，同为大学生创业者的“实习僧”CEO黄林海内心已无太多波澜，仍埋头前行。在部分创业者眼中，黄林海和他的“实习僧”是幸运的，在2017年刚刚过去的几个月里，他所创办的萌想科技在成立的第三年，完成了数千万A轮融资，在成都、北京、上海、深圳4个城市开设分部，产品累计学生用户超过300万，企业用户近10万。“实习僧”已经成为中国最大的实习生招聘平台。

黄林海，西南交通大学信息科学与技术学院硕士研究生，“2015年度四川省互联网+经济影响力人物”中唯一的“90后”。共青团中央书记处书记傅振邦同志在四川大学生创业座谈会上给予其团队高度评价：“实习僧这个项目我知道，做得非常好的大学生创业项目”。

面对这些荣誉，黄林海也已波澜不惊。两年多的创业历程让黄林海尝到各种滋味，现在的他已经能够更加成熟地看待创业。他说：“创业是一次磨炼，更是一场修行。”

“专注于小领域，或许能做出一些成绩。”

对于黄林海而言，“实习僧”的诞生，是一次顺理成章的偶然。

2013 年，作为学校就业与创业协会会长，黄林海急需一个品牌项目为协会成员提供锻炼机会。经过一番冥思苦想，在黄林海的主导下，协会推出了一个致力于为大学生就业提供帮助指导的公益项目——打造提供就业信息及中间对接服务的学生与企业的双向平台。该平台凭借实用性及用户良好的口碑，影响力不断扩大。至 2014 年下半年，已有不少投资机构看好该项目，并寻求与黄林海合作。这让黄林海捕捉到一丝创业的可能性，他在整合了已有数据资源和调研国内外类似产品后，准备将这个公益项目商业化。而这个项目也为“实习僧”积累了第一批种子用户。

黄林海的这一决定并没有得到周围人的支持，大多数人对此表示怀疑，招聘领域已有不少行业巨头，实习生招聘是一个很小的切入口，几乎没有发展前景。面对这些声音，黄林海又做了一系列的市场调研来向诸多怀疑者以及自己的合伙人论证该计划的可行性。黄林海说，当时整个招聘行业里竞争对手不少，如果想要做得面面俱到来与他们竞争的确有一定难度，但主要的竞争对手都有一个共同的薄弱区域，那就是实习。

“当时我想，如果我们专注于其中的一个小领域，比如实习，或许能找到一个突破口，做出一些成绩。”至此，黄林海带着满腔热情与期许，开始了专注大学生实习的垂直招聘网络平台“实习僧”的创业征程。

然而，创业之初的热情迎来的却是一桶接一桶的冷水。资金短缺，即使有来自家人的支持也不能弥补资金缺口。人手不够，团队成员因考研、工作陆续退出。最艰难的时候，几乎所有技术合伙人都退出了，整个团队仅剩黄林海在内的三个人，曾为“实习僧”勾勒的美好未来摇摇欲坠。他设想过无数种最坏的可能，他也明白不是所有人都能以梦为马。是向现实妥协还是再放手一搏？

黄林海坦言：“当时自己心里其实是很没底的，看到其他伙伴学业有成事业稳定，而自己却资金紧张，与仅剩的三个创始人挤在一间屋子里整合行业资源、搭建运营体系。在那几个月里几乎没有任何收入，但队友们没有丝毫抱怨，我知道大家是从心底里热爱这个事业，是为了我们共同的梦想和信念在背水一搏。”所剩无几的创业热情再次被点燃。

三个相互依偎的在读研究生，每天从起床便围着“实习僧”转，常常忙得忘记吃午饭，争取将有限的时间和资金都发挥出最大的效用。他们不愿相互辜负，更不愿辜负自己的初心。黄林海被同伴的热情感染，开始一步一步攻坚克难：开发上出现技术缺口，他就夜以继日地钻研网站开发语言；行业上专业理解不够，他就主动查找阅读相关资料；管理经验不足，他就修习工商管理专业双学位……终于，只有三个人的创业团队苦苦支撑、不离不弃，从而创造了奇迹！

2014 年 12 月，黄林海创立萌想科技，网站“实习僧”正式上线。2015 年，公司获得数百万的首次融资。创业之路逐渐步入正轨。

“创业，远离学校是关键”

进入正轨后，黄林海再次做了一个让人有点儿不解的决定——“远离学校”。他将工作地点从西南交通大学的创业中心搬到了成都市高新区的软件园。

在黄林海看来，做这个决定的原因很简单。当他看到校园里创业者们喝着下午茶的散漫，对比着高新区软件园里的创业者们起早贪黑的精勤，他便笃定，良好的创业氛围对于形成高效自律的工作习惯至关重要。此外，黄林海还希望自己和团队从心理上也摆脱象牙塔里的惯性思维。他坚信，创业者如果把自己定义为“学生”，以学生心态为人，用学生方式处事，不把自己当作一个独立的“社会人”，从而不会转换视角、全力以赴，便不可能在竞争残酷的市场中立足，更谈不上成功。“社会，不会因为你是学生而包容你。”

“离开学校”的黄林海又做了一个冒险的决定——不采用试点城市策略，直接将市场面向北上广一线城市。决定再次遭到团队反对，因为这违反常规的市场定位。面对质疑，黄林海没有一意孤行，而是耐心向大家解释：“我们如果将自己定位为学生创业，保险起见自然是从成都范围开始做试点比较好。但是如果将视野放宽到全国，试点策略就毫无竞争力可言。我们的公司愿景是做一个二线城市的一线互联网公司。”言下之意，想要低投入高效率地提升市场占有率，首先需要提高市场总量的定位，而北上广等一线城市经济发展程度与教育水平都相对较高，具有高密度的企业用户资源和丰富优质的潜在学生用户，恰好可以充分发挥细分市场的优势，实现小领域、大市场。有理有据的分析让黄林海的决定全票通过。事实也证明，“实习僧”因这一市场战略抢占了大量的市场优势资源。

此时，还有一个问题困扰着黄林海——如何从竞争对手中吸引更多的学生用户。这一次，黄林海充分展示了西南交大研究生的务实和工科生朴实直白的思维，他决定以满足用户需求为主，摒弃花里胡哨的附加功能，将“实习僧”的产品开发战略重心放在注重细节、关注用户体验、严格把控产品细节上。“实习僧”会及时阅读并回复每一份用户反馈，不断改进以适应用户需求，而这恰恰是大多数互联网公司做不到的。

2016 年，“实习僧”App 推出了全新的职位浏览模式——左右滑动选择对职位的喜恶,“实习僧”再基于用户的行为数据为用户推荐感兴趣的职位。然而功能上线当天，“实习僧”收到了超过 100 份差评，以至于“实习僧”App 在当天 App Store 商务类热度排行榜跌至 12 位。黄林海和他的团队迅速根据用户反馈做出相应调整，尽量兼容客户的不同需求。“实习僧”也以诚恳的态度和专业的运作积累了更多忠诚度高的用户。

如今，“实习僧”已成为全国最大的实习生在线招聘平台。截至 2016 年年底,“实习僧”已经拥有来自全球 6000 多所大学的近 300 万学生用户，其中不乏来自斯坦福大学、剑桥大学、新加坡国立大学等海外名校的留学生，以及来自清华大学、北京大学、复旦大学、浙江大学等国内名校的大学生。在“实习僧”的评论版块，80%的学生用户表示通过该平台找到了心仪的实习岗位，称其为“最实用的找实习平台”。企业用户近 10 万家，包括阿里巴巴、GE、百胜、微软、腾讯、网易等国内外知名企业，企业用户称其为“招聘实习生的利器”。

创业似修行，磨炼而尽善。黄林海及其创业团队通过上述方式从企业及学生用户两方面着手，以优秀的品质和服务为基础，凭借其对事业的坚持，对细节的执着，终克服重重难关，使用户之间自发地口口相传，从根本上保有了每天五千到一万的用户增长量，从举步维艰做到了行业第一。

“有激情和创新力，也要有市场调研和长远规划”

面对每天五千到一万的用户增长量，黄林海依旧没有松下一口气。他发现当初与自己同在孵化园的一个个创业团队不断消亡。或因为项目先天不足，或因为市场定位失误，或因为盈利估计过高而实际入不敷出，在一腔创业热忱消磨殆尽后，不少团队直接选择放弃，剩余为数不多的团队也在无情的市场竞争中被淘汰。

在黄林海看来，现在的本科生乃至研究生创业失败多源自视野的局限与准备上的不足。首先是受制于学校里的大环境，仅是理论吸纳，而没有形成自身足够的实践支撑，自然难以形成立足社会的眼界与意识。更有甚者，盲目创业，既不了解市场状况，又不考虑技术难度，更没有做好角色转变的心理准备，最后还把创业失败归咎于机遇。

运气是成功者的谦辞，也是失败者的借口。许多被媒体炒得火热的创业者，众人只看到了他们当下的光鲜，殊不知他们人后的苦涩。包括黄林海在内的大多创业团队，皆不是某一刻灵光乍现而成大事者，都是经历了不断的尝试与琢磨。可知，他曾做过二线城市的英语口语培训机构，但因错误估计了市场需求导致严重的亏损，也做过软件工作室承接外包项目，虽然接单价格从数百数千涨到十几万，但由于项目很难规模化也被迫放弃……也许正是这些鲜为人知的经历，让他逐渐明白了市场需求的重要，掌握了产品运营的诀窍，一点一滴为“实习僧”的成功埋下伏笔。

“年轻，是研究生创业最大的问题，却也是最大的优势。我们有激情有创新力，也要有市场调研和长远规划。”黄林海回顾自己从无到有的创业过程，感慨万千。社会不仅需要文韬武略的能人，更需要披荆斩棘的勇士。在厉兵秣马后的开拓，是何其难能可贵。

萌想科技继“实习僧”后又陆续推出了校园招、前辈 Live、HiAll、空中宣讲等多款线上运营产品，面对用户的好评，黄林海依旧保持着一颗清醒理智的头脑：“‘实习僧’、萌想科技能走到今天，也只能说做得不错。目前一直缺乏爆发式增长，新媒体这一块也还需要寻求更多的创新，团队的每一个人都必须不断学习、提升。”

扬华研究生新闻中心记者 罗琦佳 韩冰 报道

许留锋

从清华保安到交大学子

照片由被访者本人提供

其实采访许留锋是一个偶然。

无意中听说有个清华保安读了政治学院马列专业的研究生，记者顿生好奇之心：这是一个怎么样的人呢？他有一个怎样的人生？无数的疑问在记者心里，于是，带着期待约见了他。在电话里，许留锋给记者的第一印象是一个略带羞涩、声音有点浑厚的男孩儿，听到采访要求，略略犹豫了一下，但还是爽快地答应了。

到了许留锋的寝室时，他正在和同学商量班级的事情，并没有注意到记者。他给人的第一印象是做事认真、友善，乐于助人并且衣着朴素。他发现记者后，略带羞涩地笑了笑打了个招呼。许留锋是河南周口人，一直在家读到高中。高中时候的他是一个腼腆不爱说话的小男孩儿。高中那时分文理班，在留锋内心他是喜欢学文科的，但是当他走到了文科班的门口发现班级里面都是女孩子，害羞的他紧张到说不出话也不敢抬头看，最后落荒而逃回到了理科班，阴差阳错成了一名理科生，在自己并不喜欢的氛围中度过了高中三年，高考成绩自然也不甚理想。但留锋并不想就这样放弃自己的学生生涯，经过一番思想斗争，最终他来到了西南交大的科技学院报考了一个专科，就这样开始了他在四川的八年人生路。

这八年，许留锋走得坎坎坷坷，但他一直在曲折中奋斗。成教的课程并不多，而他并不想把自己的青春整天交给吃喝玩乐，人生梦想的道路已经在他心中生根发芽，肆意地疯长，他无法抗拒内心的召唤。2006 年 7 月，他以社会考生的身份在金牛区自考办报名参加了川大行政管理的自考。由于没有任何的经验和前人的指点，一切全凭自己摸索，所以他第一次他只报考了两科，遗憾的是两科的成绩均未过关，但他并没有气馁，而是越发努力地学习。十月份考试报考的时候他一口气报了四科，并通过了其中的三科。经过两年的不懈奋斗，他终于于 2008 年 12 月拿到了本科毕业证。这时的许留锋初尝成功的喜悦，与高考失利的苦涩不同，他离自己的梦想又靠近了一点点。顾名思义，自考完全靠自学，学习过程是非常枯燥的，但也不乏成就感：当时的自考是一年四次，每次考试前虽然辛苦三个月，但如果方法得当的话，三个月后就能收到回报，这就能为下一次的准备提供动力。就这样他坚持了将近两年。自考那段时间，是他人生中最拼搏最奋进的两年。每天按时起床按时学习，严格按照作息时间表生活，几乎断绝了与同学们的联系。他印象最深的一次经历是 2007 年的 7 月份，那时他正在准备考试，多年没见的同学来找他吃饭，没有提前通知而是快到了才给他打电话，远道而来的邀请让他在学习与聚会中纠结，最后他还是放弃了和同学的小聚，选择了完成当天的学习任务。

自考毕业后，他到了一个成教学院当一名代课老师，教 “管理学”和“公共关系”等科目，说到这里他很自信的告诉记者，同学们对他的课还是比较感兴趣的，作为一名有着相同自考经历的老师，他更清楚同学们需要的是什么。

在成教学习和工作的那几年，他一直在努力地改变自己，经常强迫自己做一些不敢做或羞于做的事，诸如上课回答老师问题和与女生说话这些在其他人看来可能司空见惯的事。现在他不再羞于讲话，因为在成教的这几年里他不仅学到了其他成教同学没有学到的专业知识，而且他的内向、腼腆的性格也得到了根本上的改变。

人生就是这样，跌宕起伏，不到死亡的一刻你永远不会知道自己的明天是什么样子。有的人会选择安于现状，但许留锋不会，对他来说不断地接受挑战才是他该走的人生路。就这样，他又开启了三年的考研之旅。

由于基础差再加上白天还要上课，在考研的过程中许留锋付出了常人双倍甚至三倍的努力。第一年考研，遗憾地以 318 分的成绩与交大管理学失之交臂。第二年，他自信满满地进了考研的考场，然而，命运总爱作弄他，最后的结果是 348 分，虽然过了国家线，但却与交大自划线差之毫厘。回忆到这里，留锋遗憾地说，自己当时觉得人怎么能倒霉到这种程度，因为每年交大的公共管理学院都是按照国家线，但偏偏在自己考研的第二年交大自主划了线。就这样，第二次也失败了。这一次的失败对于留锋来说打击是巨大的。心灰意冷的他来到了北京，想让自己安静一段时间。在北京玩了一个多月后，他找到了两份工作，一份是北京吉利大学的学生处干事，另一份就是清华大学的保安。但留锋深知他这次来北京的目的是什么，北京吉利大学给的待遇不错，但他目前要的不是这些，而是一份能保证他的学习时间以完成他的未竟之业——考研的工作，因此他带着学习的心态（一个是考研的学习，一个是向清华学子学习）来到了清华大学。

在清华的这段时间，是许留锋又一个人生转折点的开始。遭受两次打击的他在这里找回了曾经的梦想。以一名保安的身份每天与清华学子朝夕相处让他体会到了现实的差距，越是想到这些就越能激发他的斗志，工作越累他就学得越发起劲儿。当保安，有的时候也许会受到别人的歧视和白眼，但留锋都把它们化作了学习的动力，越是辛苦越要努力。晚上六点下班以后回到寝室休息一下，背着书包到自习室开始自习到十点半，然后回到寝室继续看书。寝室氛围很差，大家都在打牌上网，十分吵闹，只有他一个人在看书，乱中求静靠的完全是留锋心中对未来成功强烈的渴望。他的坚持不仅改变了他自己的人生，并且潜移默化地改变了他的保安室友们。离职之后很多曾经的同事还经常联系他，并且有一部分在留锋的启发下转行做了一些具有技术性的工作，有一个同事在他的鼓励下也考上了大学。所以，积极乐观向上的态度是大家都渴望的，之所以选择低头认命的人生，只是因为自己对自己的不自信罢了。

至于读研之后的打算，许留锋如此说道：“做一名老师吧，在哪里做都不重要。因为老师是我做过并且喜欢的职业，可以教自己喜欢的课程，继续学习自己喜欢的知识。”

经历过人生曲折坎坷后，许留锋看淡了许多东西。对于曾经的“清华保安”现在的交大研究生这个炒作噱头，留锋有些抗拒，他更希望的是安静地做自己喜欢的事情，学习自己喜欢的课程。幸福好不容易，他想的，只是多一秒的享受。

扬华研究生新闻中心实习记者 王思奇 报道//阮璐洁 编辑

易　刚

为你千千万万遍

2000年炎热的夏季，新千年的到来似乎给生活在中国急剧变化发展之时的新青年们带来了新的希望。

1997年6月，他以690分的高分拿下了四川省南充师范学校的录取名额，赶上了中国最后一批中师毕业生包分配的政策。当时仍流行着一句话——“一进师范门，就是国家人”，为此，他的家乡人给他办了几天的酒席以庆贺中榜。

三年之后，18岁的他拿着国家分配的工作单位通知，去到了他的家乡南充市东观镇，在东观中学当起了一名微机教师。那个时候，计算机还未普及，镇上学校用的是最早的586电脑。

在教书的一年间，他隐约觉察到了新千年的新机遇，中师毕业并不能满足他，于是他一边教书一边准备着考大学。

2001年6月，他考上了四川大学经济学院，学习经济管理与计算机应用。两年之后他专升本，转而就读川大外国语学院英语专业。2005年6月毕业后，本可以选择更好工作岗位的他仍旧回到了5年前的东观中学，这时他又成了一名英语教师。

教书并不是他的最终追求，他渴求知识，心怀好奇。当英语教师两年，准备考研两年，2007年6月，他被四川师范大学录取，研究马克思主义哲学专业。研究生三年期满，他放弃成都烟草公司等好单位，再次回到东观中学，教学生政治。这时的他，可以说是身经百战，但继续前行是他任何时候都会选择的道路——他决定考博。经过三年奋战，2013年6月，他带着发表的两篇核心期刊文章来到了西南交通大学马克思主义学院林伯海导师门下，继续深造至今。

一口气说完了自己的求学和工作经历，他拿起一直握在手中的杯子，狠狠地喝了一大口茶水，放下，看着笔者的眼睛，似在等待询问。笔者略微停顿了几秒，这洪水猛兽般的讲述，一时让笔者语塞，情急冒出一句："你为了什么？""真理。"他简洁坚定地回答。

如今这年头打着追求真理旗号的可不少，但他毋庸置疑的目光再次让笔者语塞。

"我们来讲讲吧，讲讲你的追求，你的坚持，你的真理。"

中师时代走来的教师

那是最好的时代，也是最坏的时代。那是中国革陈除旧的节点，也是新青年求新求变的时机。父母为了让易刚早日就业，选择了中师而不是高中，"考大学出来工作也才比中师多七块钱，这是最后一次包分配了。"父母的话替易刚做了抉择。在初中就是镇上唯一一个"市三好学生"的他，历经了一次会考一次省考一次面试，最终被南充师范学校录取。

"我们当时是普师，没有特定的专业，什么都要学，都要考试。"易刚说道。刚刚卸下中考重担的他，在开学第一学期就疯狂地迷上了打篮球和踢足球，整天和球友们研究战术战略，时不时逃课去打个球。"记得寝室8

个人，因为踢球不是断手就是断脚，一根拐棍大家轮流着用，后来我们干脆把拐棍扔了。”醉心于篮球的易刚最终以期末补考通过顺利结束了第一学期。第二学期的易刚开始在学习上认真了，不过“好景不长”，第二年他又迷上了音乐与书法，还参加了学校的管弦乐队，吹拉弹唱基本都会，主打是钢琴和小号。易刚在南师度过了丰富悠然的学习生活，也练就了十八般武艺。第三年，17 岁的他来到当地一所小学实习，教语文。突然从学生角色转变为老师，易刚听着孩子们每天老师老师地叫着，心里也甚是喜欢。他决定毕业了就教书。

2000 年 9 月，正式从南师毕业的易刚在东观中学担任微机课老师。那个时候，老师是全能选手，缺什么教什么。比起如今的政治专业，当时易刚买得最多的就是计算机方面的书。从 1997 年的《电脑报》《电脑爱好者》到 2000 年创刊的《网友世界》，都是易刚期期必买的心头好。不仅如此，易刚还在电脑期刊上发表过文章，参加过四川省首届 DIY 装机大赛，时不时地帮计算机专业同学开的网吧修修电脑，搞搞系统，他似乎比专业的更专业。但这些，都让易刚觉得不够，心里少了些什么。他决定，尝一尝大学的滋味。

为无悔而大学

经过一年的准备，易刚考上了四川大学经济学院，选择读经济管理与计算机应用，一是结合自身兴趣，二是紧跟以经济建设为中心的步伐。两年后，他专升本，在川大外国语学院学习英语。被问到为何换专业时，易刚说道：“我就想给自己一个挑战，也是弥补没有上高中而遗留的英语空白。”对于英语初中水平，且已放下六年的他来说，读英语专业刚开始基本上就像看天书，虽然字母都认识，但稍微难一点的单词必须借助字典。“我们那时候，学的是高级英语，高级听力，教材里没有一个中文，用的字典也是英翻英，我只能摸着石头过河，慢慢适应，逐渐突破。”易刚第二外语修的是日语，这对于语言先天缺氧、后天不良的他来说，更是巨大的挑战。最终易刚也没能跨过必须过日语二级才能拿到学位证书这道坎。“我其实并不太追求结果，过程的享受我能体会到更多。”

虽没拿到英语学位证书，但四年的大学生活易刚过得更加丰富。中师开始练习书法的他先后获得了四川大学航天校区“书画摄影展”毛笔类两个一等奖，钢笔类一个三等奖，同时在川大航天首届英语风采节文艺晚会上一展歌喉琴技，获得二等奖。而谈到大学最难忘的事，易刚认为还是读了四年大学，写了四年对联。

从 2001 年春节开始，易刚回到乡下老家，买来金粉、清漆、汽油，混合成原材料，在鲜红的纸上写出金光闪闪的具有中国年味的毛笔春联。这种传统手写春联颇受当地乡亲们的欢迎喜爱。“我记得最热闹的是 2003 年的春节，在镇上的街道旁，我借来三张桌子，一条街的人排着长龙来找我写，就这样写了三天。到大年三十晚上八点过，我收拾着准备回去看春晚了，一家饺子铺才关门，过来想请我帮忙写一副对联。昏黄的路灯下，寒冷的冬夜里，我无法拒绝这最后一点温暖的给予，写完我就赶紧骑三轮车回去还桌椅了。”易刚说到这，指了指自己的牙齿，“在还桌椅的路上，路面漆黑，急转弯处，我没拉住刹车，从十几米的悬崖上飞了下去。不仅磕掉了两颗牙齿，还吐了一盆血，全身没少受伤，所幸福大命大。”易刚笑了笑，这样令人胆战的经历他也安然处之。大学毕业之后，易刚再也没回去写过春联，可乡亲们每逢过年都要到街上去找易刚，后来才知道他再也没有摆摊写春联了。

再一次起航

2005 年大学毕业的易刚回到了东观中学，当起了英语教师。这一待，又是两年。两年里，易刚并未闲着，一面教书，一面准备着考研。

那是还有早晚自习的年代。早上六点钟起床做广播体操，七点是学生们的英语早自习，去晚了五分钟就扣一半的早自习补贴费，十分钟就算旷课。晚上九点半下自习，一周二十几节课，每天晚上还要改作业，写教案。两年里，易刚只有在夜深人静的时候，才一个人独自看书复习到两三点。好几次，刚睡下去一会儿天就亮了，又得继续重复六点开始的循环模式。最后考研冲刺的一个月里，易刚只好让别的老师代课，因白天吵闹，他只能白天休息，夜晚通宵看书。第一年川大考研落榜，第二年他如愿以偿地考上了四川师范大学政教学院研究生。

两年了，易刚担任英语老师已经整整两年了，现在易老师要走了，去追逐自己的学术梦想。他的学生偷偷在寝室哭了几天，他教过的班级都纷纷写留言，写集体信。每一届学生毕业，易刚都会教大家一首歌。这次他要去读研，临走时他教了大家《远航》："迎着朝阳乘风破浪，我驾驶着巨轮出海去远航……"离开的车上，他拿出学生们的信，无尽的挽留，无尽的祝福与期许，易刚注意不到别的，仅是信纸上泪水干过的痕迹，早已让他也泪眼模糊。

在川师读研的三年，易刚体味到了不一样的人生。

第一年他当选政教学院研究生会宣传部部长，第二年担任校团委书记助理。写公文、当秘书、做调研等，易刚接触了以前从未做过的工作。无论是2008年全权负责灾后重建派遣志愿者还是四川省第五届大学生艺术节的全方位设计，又或是接洽川师作为西部唯一受邀学校参加在上海举办的第十四届中国名校大学生辩论邀请赛等，易刚都在舞台的背后默默地做到最好。人们或许不认识他，但不能不记住和称赞他做过的每一件有意义的事。

研究生生涯的第三年易刚参与了对他此后学术道路意义重大的、里程碑式的课题——邓小平批判性思维研究。这一课题的研究是长征式的研究，从研究生最后一年到毕业后的两年，易刚在与导师合作的过程中，担负了近一半的研究内容，阅读了几十本有关该课题的书，有时候往往一本书中只有那么一两章或一两句有用，易刚都认真用笔记录下来。渐渐地他与导师之间建立起了一种信任。研究成果中易刚以一篇《邓小平变通性思维》获得了全国科研创新一等奖，此后该篇文章被中央文献研究室官网转载摘要，A++期刊《中共党史研究》标题索引转载。在研究邓小平思想的过程中，易刚深深地感受到了一个农村教师的成长与不易。"在游泳中游泳，在实践中学习是最好的学习。通过做好一本书，一篇文章，其实是一个全方位、有深度的提升。"儿时就有邓小平情结的易刚并未随着研究生毕业就结束该课题的研究，而是将其延续到了博士阶段。在谈到邓小平时，易刚表现出明显的共情心："小平是一个传奇，世界上像他这样三起三落的人，恐怕只有他一个。我的本科、研究生及博士三次考试难道不也与之相似吗？"

没错，在2010年川师研究生毕业后，易刚又回到了东观初中，担任政治老师。镇上的老师们十分不理解他："研究生了还来这种落后的地方。"没有人知道，易刚想要考政治学博士，而乡下学校的环境对他来说安静又熟悉。

不到45岁不放弃

从2010年准备考博起，易刚就决定，不到考博限制年龄45岁，决不放弃。于是，易刚又经历了人生中风雨交加的三年。

放学后的晚上，同事们打完麻将经过学校，经常会看到易刚办公室的灯是亮着的。"他们有的对我考博冷嘲热讽，有的把我看书当作一个笑话。"易刚坦然说起那段艰辛的经历。"看书环境是最大的障碍。我不得不选择深夜，有时是厕所旁的体育器材室，有时是别的教师进城住宿后的空宿舍。总要找到一个可以静心看书的地方。"顶着家人催婚的压力，在易刚眼中，除了马克思主义，其他都不考虑，而中央党校是易刚最中意的学校。"你不怕考不上吗？"笔者问道。"现在能记得的唯一的怕，是在夜晚十一点厕所旁的器材室，正看得入迷，窗外突然伸出一个黑压压的脑袋，把我吓得半死！后来才知道是管理员。"易刚哈哈地笑着。在准备考博的三年间，易刚不间断地与北京几所大学的教授保持着书信来往。他们虽身份地位有异，空间亦不能相近，但思想的交流没有边界和限制。"我喜欢做一些挑战超越自我的事，求学对我来说如是。"易刚的信念与孙中山如出一辙：不求当大官，励志做大事。

易刚一面考博一面领略了各大学之风范及其周边风物。考华南理工感受了黄埔军校；去江浙一带造访了袁绍墓、灵隐寺、中山陵；而在考北大的前一晚，冷冷清清飘雪的北方三月，只身一人站在未名湖畔，一个多小时的时间，易刚幡然领悟到《荷塘月色》的美，《背影》的伤。"有时觉得考试并不是最终追求，生命在于过程，在于你屏住呼吸感受这个世界的时刻。"易刚在几次考试中专业成绩居全国第一，因英语不够未能求学于北方名校，最终与交大结缘。但知识与智慧是人类共通的财富，易刚因此结交了不少志同道合的学界大师，甚感有幸。

有音乐没烦恼

在交大马克思主义学院同届的学生中，只有易刚一人住在学校宿舍。"可能几天都碰不到一个人说话。"易刚说着拿出笛子吹上一首《爱尔兰画眉》，曲罢，他感慨道："哲学和音乐，可以净化人的灵魂。"没错，报考音乐院校是易刚一直以来的梦想。迫于客观原因，虽考上川音和解放军艺术学院但未能就读，所幸易刚组建了一支乐队。

“回去我们镇上的时候，有一家琴行，我经常在那里弹钢琴，一来二去就和琴行老板组建了五人乐队。”易刚这支乐队在当地很受欢迎，是婚礼生日的常客。“依稀记得载着乐器四处演出的日子，唱着《永远是朋友》《站台》等经典老歌，乡亲们不由自主地边唱边跳，我才体会到融入百姓的快乐。”音乐是易刚生活中不可缺少的一部分，只要音乐响起，烦恼就会远离。

一路走来，易刚受过的苦从不滥诉，心中的痛亦幻化成坚定的脚步。他不抱怨，不抗拒生活给予他的一切。2015 年 6 月，易刚和朋友去了一趟新疆无人区，探寻传说中的楼兰古国。生命是什么，真理是什么，或许对于易刚来说，就像在无人区遇到的那场龙卷风，虽来势凶猛，似可侵吞万物，但易刚拿出相机，神色沉静地拍下这生命边缘的奇景，再回头掌握着方向盘，踩一脚油门不迟。

扬华研究生新闻中心记者 于之楠 报道//王为介 摄影//陈人龙 编辑

刘从志

长大后的你还有梦想吗

照片由被访者本人提供

他，在本科期间自创西南交通大学基础数学学会。

他，发表一区 SCI 论文 3 篇，拿奖拿到手软。

他，是站在第八届中国青少年科技创新奖领奖台上、接受党和国家领导人接见的最杰出的交大学子之一。

他是刘从志，机械工程学院 2014 级硕士研究生，一个执着的追逐梦想的青年。

穷且益坚，不坠青云之志

本科就在交大就读的刘从志，一直是优秀的代名词。出身贫苦的他早早明白唯有努力学习，才能不辜负自己经历的种种苦难。

学习不是一朝一夕的事，在交大就读期间他参加过各种类型的比赛。说起印象最深的一次，他的思绪被拉回到了的几年前的那场数学竞赛。

“准备阶段很辛苦，很多人都没有坚持下来，我一直坚持到最后，每天都是第一个到最后一个走。那是我第一次参加全国性的比赛，当时我完全没有想到我会进决赛，老师打电话告诉我结果时，我自己都不敢相信。”

闯入决赛的他更是加倍努力，最终取得全国第一名的好成绩，创造了交大的历史。第一次获奖是最激动的，他的心里充满了说不出的成就和满足。对他来说，参加比赛最大的收获不是奖杯和证书，也不是来自他人的敬仰羡慕，而是拥有了一个解决未知问题的能力，打开了一扇通往满载着他梦想的科研之路的大门。

这段经历为他以后的学习与科研打下了坚实的基础。从此，他走上了科研之路，不断地去参加各种比赛，从中学会了不服输、不放弃的拼搏精神，也看到了成功者在荣誉和成绩背后，付出的更多是汗水和泪水。

“梦想”一词，对于从小父母见背，穷苦人家出身的刘从志来说，显得有些遥远。刚刚踏入交大的他对于人生的描绘，大概就是本科毕业后找一份平凡的工作，娶妻生子，终老此生。

“本科阶段做比赛，我第一次参赛就拿了全国一等奖，那时我就发现自己还挺适合做研究的。一步一步地不停沿着这条路走，中间也会遇到些小问题，不过都在坚持和专注下一一克服了。辛苦付出后取得了一些成绩，自己也很开心，越来越觉得学术之路真的很适合自己。本科毕业后毫不犹豫地选择读研到现在选择读博，一切似乎都是那么顺理成章。”

他顿了顿，继续道：“学术之路很累很辛苦，如果没有第一次获奖激励了自己，可能我也不会选择这条孤独而又灿烂的科研之路吧。之后无论是在国际还是国内，我都取得了一些成绩。现在来看，当时的奖项似乎不值一提。但我觉得那次成功真的对我有着特殊的意义，是它坚定了我走科研之路的想法。没有成功迈出的第一步，我也绝不会成为现在的我。”

君子见机，达人知命

时至今日，他还清楚记得第一篇 SCI 发表的点滴曲折。

“那时我发现分数阶卡尔曼滤波很火热，研究上有些进展但也有些空白，我很感兴趣，觉得可以上手研究一下。”

为了撰写这篇文章，他前后花了半年时间，翻来覆去地修改。打开投稿网站发现全是英文，下载的论文要求也是 20 多页全英文，这让当时英语不太好的他陷入了困境。“说到这里，我要特别感谢一个人，他就是我们实验室的刘伟群老师。我写完初稿后，刘老师给了我很多指导，费心费力地帮我改语法改句子。”

经过查阅大量论文资料，反复修改校正，论文终于成功发表。他感慨道：“我是幸运的，能够有这样一位有经验并且认真负责的老师帮助指导我，这大大减轻了我的压力。万事开头难，慢慢上路之后就顺遂许多了，后来也是沿着这条路继续做下去的。”

作为一名优秀学长，他有着一些经验想分享给学弟学妹们。

“研究生三年时光说长不长说短不短，一定要在刚来的时候就想清楚自己未来的人生规划，时间要利用好，不要漫无目的地虚度光阴。对于想继续研究深造的同学，要学好英语，多看文献，多写论文；对于想创业的同学，可以多去社会闯一闯，多跟成功的创业者学习交流；对于想找一份安稳工作的同学，研一上完课后可以去找个单位实习，积累能力，开阔眼界，对未来的求职很有帮助。大家一定要坚定自己的梦想，并为之努力，如果只是浑浑噩噩地过三年，那研究生生活就真的浪费了。”

刘从志有一句座右铭：付出才会杰出。他是这样理解的：“只要你付出了，就一定会有所收获。你现在付出的东西，就算这几年看不到，总有一天它也会以其他方式回馈给你。年轻的时候多吃点亏，经受点挫折磨难，不算什么。”

“不要因为失去太阳而流泪，至少我们还有繁星。我经历过旱灾、洪灾以及家庭的变故，当时觉得艰难困苦，但是过后也觉得没什么。那段经历让我养成了不畏苦、不惧累的坚毅性格，这也是我最宝贵的收获。很多人给过我帮助，我很感激他们，所以我一直是尽我所能在帮助别人，并不求回报。”

有怀投笔，慕宗悫之长风

“你有梦想吗？”刘从志注视着笔者，目光是那样炽烈。

2017年，即将毕业的刘从志以优异的成绩顺利保送到清华大学机械工程学院，加入李亮教授团队从事新能源汽车的相关研究，继续攻读博士学位。对汽车和控制很感兴趣的他，有着属于自己的梦想——汽车梦。

“未来的我想进入高校，组建自己的团队，这是我给自己定下的十年目标。我是真的想搞研究做实业，希望能用所学知识为中国汽车做出一点贡献。我国的汽车工业起步晚，早年曾受到技术封锁，现今虽然情况有所改变，但是和国外比起来我们的积累依然不够。自从国外品牌进入市场之后，国产自主品牌就很少见了，核心技术都是别人的，产品附加值较低，只得占领低端市场。未来汽车的前进方向有二：无人驾驶和新能源，技术的更新换代往往就是实现跨越式发展良机。我希望能从新能源技术方面取得突破，施展自身所学，为祖国的发展贡献一分力量。”

“其实这一切离我们并不遥远，国外的新能源技术已经比较成熟了，清华大学那边的无人驾驶汽车也已经可以上路了，应用前景非常好。新能源汽车取代燃油汽车势不可挡，三十年一定可以实现，我们这一代享受不到，下一代也一定可以赶上。”

“梦想”这个词汇也许我们并不陌生，只是随着心灵鸡汤的泛滥，我们把这个词捧得太神圣，反而让它显得高不可攀、难临凡尘。于是人们对它的理解也越来越流于表面，渐渐地变成了一句口号，无人再记得它的本来含义。

“你静下心来好好想想，我们现在这些人，有多少还有梦想。小学时我们想成为科学家宇航员，每个人都有自己的梦想，然后初中少了一些，高中少了一些，到了大学几乎就没有了。我敢说中国超过25岁的人有梦想的不到十分之一，你就看看我们身边，还有谁有自己的梦想呢？我始终怀揣着自己坚定的梦想，并为之努力奋斗，这让我充满了动力。希望每个交大人都能树立一个梦想，并为之奋斗。还是那句话，付出才有收获，早晚它会实现的。”

梦想需要的是勇气和行动，哪怕最开始它看起来虚无缥缈，但所有的一切都从这里出发。它就像孤独海洋上的灯塔，指明你前进的方向，让你无惧地走入黑暗，而不至消融其中。

世界上最快乐的事，莫过于为理想而奋斗。梦想就是你喜欢的事、想做的事，有了梦想，然后努力去把它完成，坚定地迈出脚步，前面的路才可能更宽，敢于做梦，梦想才有实现的可能。

所有的成年人都曾经是小孩，虽然只有少数的人记得。哪个孩子没有做过上天入地、瑰丽美好的梦啊，只不过在生活面前，很多人慢慢放弃了自己童年的梦想，所以他们沦落为失去梦想的人。而有些人，无论生活多么艰难，从来没有放弃梦想，于是，他们成为永葆青春梦想、永葆奋斗激情的人，成为能够改变世界、创造未来的人。

扬华研究生新闻中心记者 于洋 报道//罗琦佳 编辑

3 留学异国：发现自我的多种可能

有这样一群人。

他们勇敢地背起了行囊，踏上了异国孤独求学的旅程。

陌生的国度、陌生的语言、陌生的人潮并未成为他们求学路上的阻碍。他们坚定着自己的理想与信念。

在异国的土地上，踏实地走出了一条自己的道路。

美国、日本、法国、加拿大等国，无一不留下了他们的足迹。

在这段或长或短的求学旅途中，

他们找到了自己人生路上的更多可能。

黄　玄

游泳·归属

照片由被访者本人提供

一个普通的周五中午，笔者和黄玄约见在她的宿舍进行采访。两人相对而坐，拧亮书桌上的小台灯，昏黄的灯光映出黄玄姣美清秀的侧颜。黄玄看着笔者，用近乎流利的普通话轻声说道："准备好了，那我们就开始采访吧。"她笑了笑，开始讲述属于她的故事。

一

“我从 10 岁起就离开家进入游泳队学习了，在游泳队里待了六年。那六年我过得很快乐，也获得了很多奖，但是真的很辛苦。16 岁上高中学习后，我就开始想，我真的要一辈子都游泳吗？如果继续游下去，未来的路清晰可见：成为游泳教练或者体育老师。可是我问自己，我的人生真的要这么早就确定下来吗？我犹豫了。”最后，黄玄放弃了游泳这项事业。高中以后，她考上了越南人文大学旅游专业，很努力地边学专业课边学中文，一年以后，她就申请来到了西南交通大学继续学习。

“其实我自己也不知道放弃游泳这项决定对不对。毕竟在越南，游泳这项技能对人才的需求量还是很大的。游泳教练和体育老师，两个都是很不错的工作。”她顿了顿，又说：“可是还是要试试别的。不试，你怎么知道什么是更好的呢？”

这个越南女孩就这么为自己做出了人生的决定。她提着一只红色的大旅行箱，只身来到中国，来到四川，来到交大。

二

“刚来到中国两个月，我就开始找工作了。我不是学费全免生，我必须为自己赚一些生活费。我的中文说得不好，所以得找机会多练习。”黄玄的第一份兼职工作是在一家餐馆当服务员，但是只做了一周。那一份工作很辛苦，由于刚到中国，她的语言关还没过，和客人交流上有障碍，客人说什么她有时候也听不懂，最后只能被老板辞退了。这份工作结束后，她很幸运地立刻找到了第二份工作——游泳教练，这份工作她一直坚持到了现在。“这一份工作报酬不错，从中我学到、收获到的东西真的很多。”

“在游泳馆工作了一年多，从开始什么都不会到现在的熟练应对，我进步很大。我和游泳馆的领导、同事还有学员相处得都很不错，交到许多朋友。我想我取得进步的原因和我那一群朝夕相处的同事是分不开的。我是这样的人，有什么不懂的我就会去问我的同事，向他们请教学习，他们都非常热心地帮助我。这让我很感动，所以我把自己掌握的游泳技巧也全部教给了身边的同事们，现在他们游起蛙泳、自由泳、仰泳、蝶泳来，全部不在话下！”黄玄自豪地笑一笑。她与同事们感情很深，提到他们，就像是她在中国的家人。“我很感恩我身边有这些人，我希望我可以把这份工作一直坚持下去。”除了和同事们相处融洽外，黄玄和自己的学员们也成了朋友。她在课上用心教他们游泳，课下这些朋友热心教黄玄中文，带她一起出去玩儿，了解四川的美景美食。

黄玄有时候也会在想，为什么她会这么幸运，来到中国不久，就拥有了这样一群关心照顾她的朋友，每天都过得充实、开心。外国人的独特身份是获得关注的第一层，此外，与人交往时友好的态度、真心相对、用更大的热情来反馈来自他人的善意则是剥除掉外国人身份后更为重要的内在原因。

除了收获友谊，在这份游泳馆的兼职工作中，黄玄通过日常教学以及与领导的交流沟通，加上对领导日常管理工作的观察，她认为自己应对问题、独立解决问题的能力都得到了很大程度的锻炼。“别的不好说，怎么对待不同人，怎么处理各种突发事件、特殊情况，现在面对这些问题，我都不会慌张，我认为这些是只有通过工作才能学到的很宝贵的东西。”

在这一年多的工作中，黄玄遭遇了好几起突发事件，也碰到了一些“碰瓷”找碴的客人。在遭遇这些从未经历过的麻烦情况时，黄玄认为自己的性格拼图慢慢完整起来：勇敢、坚持、沉稳，面对问题不慌乱，保持镇定态度快速去思索解决方式。这是她在曾经的自己身上从未发现到的。

除此之外，黄玄在工作上有一以贯之的态度和原则：“维护游泳馆和自己的权益永远是最重要的。遇到因为自己不注意而发生问题却向游泳馆索赔的客人，我一定会和那些人说清楚，什么是游泳馆的责任，什么是他们自己的问题。游泳馆的安全保护措施是到位的，我自己在当教练时也是尽职责的，他们自己的问题当然不能全部归到我们头上。”

游泳这件事，黄玄曾经以为会是自己终生归属的事业，现在却转变为了一项爱好与技能。曾经每天和水相处是为了荣誉与奖牌，现在每天依然和水相处，却真切地发现游泳带来了更多元的益处：锻炼身体、增加收入、交到朋友、发现自己。游泳成了一种载体，载负了更多人生的幸福。相比以前，黄玄甚至更加热爱游泳了。

三

如今的黄玄，面对着语言和时间上的“双重挑战”。

刚进入交大，黄玄的专业是国际经济与贸易，但这个专业的难度让她有些吃不消。于是她把自己的专业改为了日语，这样至少在某个层面上，她与自己的同学们站在了同一条起跑线上。

黄玄现在每天都是两头跑，沉重的课业学习和工作让她有一些喘不过气，不过她认为自己还是会尽力把两边的事情都兼顾好。

“我是这个班上唯一一个留学生，所以刚入学就获得老师和同学们的关注。我的老师惊讶于我来到中国刚不久就能够把中文水平提高这么多，所以他对我的日文学习也充满期待。”她无奈地笑了一下，“我的老师不知道，我中文突飞猛进的原因很大程度上是因为我有一个非常好的工作环境。但是日文学习是不是真的可以像我学中文一样，我可就不敢保证了。不过，中文、日文我都会尽力学习，不会让自己落下进度，落后于同学们。”

在前不久举办的西南交通大学首届国际大学生文化艺术节上，黄玄代表自己的国家——越南，向同学们做了展示。她觉得这个活动办得很不错，拉近了留学生们的距离，也让她了解到更多国家的习俗和文化习惯。

谈到如今在中国的生活状态，黄玄还是比较满意的。有空余时间时，见一见朋友，逛街购物，买自己喜欢的东西。她喜欢旅游，也喜欢运动。去熊猫基地看到大熊猫，黄玄很开心；第一次去西岭雪山，见到真实的雪时，她也激动坏了。

“慢慢来吧，一切都会更好的。”

黄玄的生活在向前稳步推进着，走过的路凝结成经验和回忆，未来也一点一点变得清晰。在中国、在四川、在交大，更多的美好与可能性在慢慢向她展开。

心所在的地方，就是归属。

这是黄玄在中国的第二年。

扬华研究生新闻中心记者 张涵艳 报道//杨晨辰 编辑

杨　柳

浪漫法兰西，我的第二故乡

照片由被访者本人提供

杨柳是湖南人，儒雅而热情。本科二年级时，他被选拔为第十五届中法 4+4 项目的留学生，前往巴黎中央理工大学留学，现为西南交通大学电气工程学院 2015 级硕士研究生。陌生的国度、陌生的语言、陌生的人，这一切并没有成为他求学路上的障碍。相反，凭着自己心中的那份执着和坚定，他迅速融入了这个环境中，努力完成了学业梦想。

谈到留学法国，杨柳说他要感谢两个人。一个是他的表姐，也是交大电气学院的学生。“那时我刚刚高考完，她对我说：‘交大有个特别好的项目中法 4+4，我的好朋友就去了，你可以尝试往这方面努力。’于是我就萌生了一个出去看看的想法。”

第二个要感谢的人是交大外语协会的部长，杨柳说：“就在大二那年，我们外语协会口语部部长邓郡文也通过这个项目先我一年留学法国。常常在朋友圈看到她分享的照片和生活，我很向往。”

从那以后，杨柳就立下了去法国读书的目标。就这样，勤恳的他顺利通过了中法双方的面试，获得了这个珍贵的名额。在那一刻，他的思绪仿佛沿着昆仑山脉蔓延，古丝绸路上驼铃悠悠，帕米尔高原劲风凛冽，裹挟着他的心，飘到了亚欧大陆的另一端。

云和山的彼端

飞机呼啸着穿透云层，广阔的景色在被清新湿润的风吹拂过后，又展现出来。机舱打开，人们开始有序离去，杨柳知道，他到了。

提着行李，踏上这片土地，空气中浮动着秋天的味道。那六七月份里不安浮动在天空的云，像躁动不安的年轻人，在蓝天中奔跑、嬉戏。温柔的风拂过巴黎清一色淡蓝的屋顶，拂过静静流淌的塞纳河，拂过街道熙熙攘攘的人群，拂过路口明明灭灭的红绿灯，拂过他黑色的风衣，拂过他举着相机的手。古老而活泼的巴黎正渐渐把它的美展现给这个初见的小伙子。

“在正式入学之前，我住在寄宿家庭里，每天去语言学校学语言，学了两个月。一开始生活难免有些不适应，吃第一口法国菜时我差点吐了出来。”他笑着说，“不过最初的不适一个礼拜之后就好了。来到这片新的土地，同学们都是热情饱满。”就这样，杨柳白天在语言学校学习语言，晚上回到寄宿家庭和房东一家交流提高口语。两个月后，他已基本掌握了生活和日常交流所用的法语。

“本以为经过两个月的培训，基本的交流没什么问题。但事实上和同龄的法国人交流整个人都是懵的，只能一个劲儿地点头。课堂上我就像听天书一般，遇到不懂的词汇课后赶忙查词典。去了半年之后，听课慢慢就不是那么吃力了，等到我要走时，已经可以非常流利地和法国人交流了。”

流动的盛宴

谈到法国的美，杨柳眼神泛起了光彩。

他兴奋地说："巴黎这座城市沉淀着岁月的气息，复古念旧。街区大多是淡黄色的建筑和灰蓝的屋顶，整个城市十分干净，政府和市民都很小心地守护着这份美好。而当需要新建一个房子时，他们都会参考周边的建筑风格，以保证整体不会很突兀。"

巴黎是如此静谧美好，一座城市既然有了历史的辉煌，就不必再用灯光来制造明亮。

有人说，巴黎就像是一场流动的盛宴。在法国待的两年，杨柳当然少不了品尝法国的各种美食。他介绍道："法餐十分精致，每顿饭都由前菜、主菜、甜点和奶酪组成，讲究到连学校食堂都是这样。中国菜烹饪之前要先切好，而法国菜是先做好，端到桌上再切。"湖南人吃辣、嗜辣，但法国人是不太能吃辣的。有时他炒几盘菜分享给他的法国朋友们吃，他们尝过后都会表情夸张地说："要死了！要死了！"谈到此处，杨柳不禁笑了出来。

说起法国，肯定离不开红酒。其实在法国红酒很便宜，40 元人民币就能买到不算太差的一瓶。波尔多、勃艮第和阿尔萨斯是法国三个比较有名的产区，他曾有幸参观过一家位于波尔多的酒庄。

波尔多地处法国西南部，毗邻大西洋，充沛的阳光使得这里成为葡萄酒大产区。在这里每家酒庄都有属于自己的葡萄园，黑红色的土壤，小块儿岩石星星点点，点缀般地撒在园间，煞是好看。每过几年，酒庄都会更换新藤以保证红酒味道纯正。酿酒师们相信，只有用自己培育出的葡萄，才能酿出至醇的美酒。

他还和笔者分享了一段有趣的回忆："这家酒庄的小姐给我们介绍了一种新的酿酒方式，把橡木桶用水泥包裹起来沉到海里。几年后，红酒会沾染上海洋的风味儿。听起来也怪新鲜的。"

上帝只会给你过得去的坎

杨柳就读的巴黎中央理工大学是中法 4+4 项目五所大学中最好的一所，课程压缩得特别紧。他回忆道："第一年的时候午餐时间仅仅只有一个小时，而且食堂人特别多。很多人没时间吃午餐，就拿个三明治填肚子。我每天从早上 8 点到晚上 6 点半都排满了课，而且经常考试。和国内不同的是我们是上完一门就考一门，不是到期末才考，所以课业压力非常重。”

尽管课程特别紧张，但学习之余杨柳觉得，学校的社团都极为优秀有趣。

“你也许无法相信，整个大学的网络和 WiFi 都是交给学生社团来搭建和维护的，他们都非常专业。学校敢于把这么重要的事放手交给学生，这在中国是难以想象的。我第二年住在 B3（B 栋 3 楼），这层楼居住的都是游戏社团的人。他们组织了一个幼稚到让你哭的活动——Killer，就是你用硬纸板做一个武器，然后碰别人一下别人就死了。于是在去上课的路上，经常会有个人突然蹦出来碰你一下，然后就开心地走了。”杨柳笑着说道。

然而这一切和谐美好，在某一刻蒙上了一层阴霾。2015 年 1 月 7 日晚，法国查理周刊杂志社遭到史无前例的恐怖袭击，全国震惊。

杨柳回忆道：“惨案发生的地方和我们有些距离，但在最初几天我仍偶尔听到远远传来的枪击声。那段时间我们连超市都不敢去。记得在暴恐事件一个礼拜后，我迷迷糊糊地走到了那家被袭击的杂志社。整个杂志社全部被炸烂了，只剩下残垣断壁。坚强的巴黎人自发地开始游行，布满了整条街。”

自由、平等、博爱的光鲜亮丽背后并不缺少矛盾、排斥以及血案带来的残酷无情。向南 660 千米，地中海的海浪正千年如一日地拍打着马赛老港。而巴黎左岸的咖啡香与右岸的霓虹光影里依然活跃着不同肤色不同阶级的人，进行着五花八门的谈话或活动。“巴黎还是那个巴黎，法国还是那个法国，市民们依然正常地生活。面对暴恐，他们没有畏惧。”

巴黎，他的美好我们共同守护，他的黑暗我们一起承受。这一切阴霾终将散去，时间这个东西，真像是一剂良药，能抚平所有伤痛。

体会历史温度的万宝之宫

巴黎是一座有着浓郁历史韵味的城市。

历史韵味是一种隐隐然的气象，从每一扇旧窗中溢出，从每一块青砖中溢出，从每一道雕纹中溢出，从每一束老藤中溢出。大大小小的博物馆星罗棋布地分布在塞纳河畔，所有的艺术爱好者都钟爱这片土地。那历史的厚重和文化的芬芳，牢牢俘获了杨柳的心。

“巴黎最负盛名的博物馆当数卢浮宫了。最初，卢浮宫是作为抵御外敌的堡垒修筑的，后来经由历代的法国国王不断修建，它才渐渐成为今天的样子。自卢浮宫的《蒙娜丽莎》失窃以来，无论是卢浮宫还是蒙娜丽莎，其名气似乎越来越大。众所周知，《蒙娜丽莎》出自大画师达·芬奇之手，而鲜为人知的是《蒙娜丽莎》里的女人其实并不叫蒙娜丽莎。在意大利语里 Mona 是夫人的意思，所以蒙娜丽莎的本名是丽莎。”

卢浮宫前的杜勒里花园以前是动物园，用来豢养拿破仑时代掠夺过来的狮子等珍奇猛兽。征服了大半个欧洲的拿破仑一世对于宫内藏品的贡献是巨大的。慢慢地，战争掠夺的战利品越来越多，卢浮宫就成了安置战利品最好的选择。他的大多数战利品都来自埃及和希腊，卢浮宫三馆之一的苏利馆几乎摆满了埃及木乃伊和其同时代的珍宝。卢浮宫外所有拱形门上的浮雕上都刻着字母“N”，显然，它代表的就是那位曾经的王者。

八百年里，五十位法国国王和王后，还有许多著名艺术家都曾在这里生活。从路易王朝到法兰西共和国，从文艺复兴到法国大革命。展现在游客眼前的藏品，无一不是人类文明征途的历史见证品。1789 年通过的《人权宣言》庄严宣布“人们生来而且始终是自由平等的”。路易十六颈血流过的热土上，到处都是不愿做奴隶的人。这是人类第一次向世界发出民主和自由的呼唤，闪烁着的是一缕源自人们灵魂深处耀眼的文明曙光。

这座宫殿，就像一位沧桑老人，沉默不语，见证着法国的兴亡盛衰。百年时光悠悠，国王授首，法国革命翻云涌，叹王图霸业终成空。俱往矣，古今多少事，都付笑谈中。

生活是一场旅行

行者的本性往往有些共通处：不在乎脚下，只在乎远方。世界这么大，他总想着出去看看。两年留学生涯，杨柳的足迹遍及欧洲。

去日内瓦看喷泉，到苏黎世逛古城，去卢塞恩欣赏自然风光，到芬兰参观圣诞老人的小房子；夏天去大西洋游泳，冬天上阿尔卑斯山滑雪；累了，就静静躺在温热的沙子上，享受来自大西洋的海风；醒了，和德国朋友拼啤酒，和意大利妹子跳热舞。马赛老港车马辚辚、水波荡漾，细碎的浪花拍打着海岸，撞击之音高低起伏，若合符节。至于英国，更是优雅到骨子里面。坐在泰晤士河畔的阳伞咖啡座下，品尝这里的美，只消得一口，便觉岁月静好、山河无恙。

“印象最深的是，有一次朋友拉我去诺曼底远足，有个和我做实验的小哥也一起去了。他会开飞机，所以最后我们是从诺曼底开飞机回巴黎，在空中俯瞰了凡尔赛宫日落时的美景。”夕阳如酒，明月初悬，日月交相辉映着，把大地渲染得像一幅油画一般。惊鸿一瞥，便撑起满天晚霞，看着窗外的景色，他不禁怔怔出神。透过玻璃窗，夕阳正一点一点地藏起最后的金芒，远处的城市逐渐亮起绚烂霓虹，闪烁而耀眼，割断黄昏的缠绵，刺破黑夜的深吻。

在异国旅行的路上，杨柳既领略到了不同的风景风情，也认识了许多有趣的人。他说道：“跟法国人交朋友真的是非常难。在国外，中国人一般都愿意在自己的圈子里社交。我的中国同学们就几乎没交过法国朋友。但其实你主动去敞开心扉交流，人家还是愿意真心和你交往的。在法国感受最深的是他们烙印在骨子里的自由。和法国人相处很简单，不需要拐弯，想你所想，说你所说。就算你们之间发生了一些争执，争执之后还是朋友，特别省心。”

“留学第二年我搬到了 B3 住，遇到了很多有趣的小伙伴，其中 Brice 最终成了我的好朋友。他是个学霸型的人物，人很聪明又多才多艺。我们住在一层楼，厨房沙发是公用的。我们经常坐在沙发上聊天，就这样慢慢成了朋友。在法语里面表述朋友含义的词有很多，但之间又有着细微的差别。从低到高分别是：camarade，copin，ami 和 salope。最后一个词说得比较少，仅限于关系特别好的。所以，你可以从他如何向别人介绍你得知你在他心中的地位。有一次在食堂排队吃饭，Brice 没带饭卡，于是我和收银员说我给我的 camarade 付。他听了还挺诧异的，因为那时候他已经把我当作 copin 了。后来我就也用 copin 来称呼他，最后变成 ami。成为法国人的朋友，还真有点像后宫妃嫔一步步晋封成皇后一样呢。”

“我有时会自己下厨炒一盘中国菜，叫他过来尝一下。他做了蛋糕，也会分享给我吃。你要跟别人成为朋友，就必须主动点，法国人比较高傲，你要主动去找人家。”杨柳笑了一下，接着说道，“我做的菜都会放辣椒，他们就会大呼受不了。可能只有番茄炒蛋才比较适合他们的口味吧。”

游学的两年时光，杨柳有着很深的感触，他感慨道：“在法国留学的时候，我发现法国民众对中国的印象还比较陈旧。他们大多只知道北京和上海这两个城市，认为中国比较穷，中国人比较瘦弱。他们对中国人的印象要比对日本人差很多。有一件事值得一提，就在 2013 年，嫦娥二号成功发射并释放玉兔号登月。这件事是当天法国报纸头版头条。我觉得这大概是一个标志性的事件，西方的民众第一次面对面地看中国，正式把你当作现代化大国的国人。西方世界也逐渐开始全面了解中国的科技和文化。”

进入 21 世纪后，不同民族、文化之间的沟通交流变得非常迫切。不了解会带来恐惧，而相互了解和沟通则能避免误解和矛盾的发生。在真正相互了解和沟通的前提下，世界才会和平发展，这也正是 21 世纪的重大课题。

我们终将告别

巴黎中央理工大学的街对面有一个很大的公园——索镇公园。离开法国前一个月，每天清晨六点十五分杨柳都会准时起床去索镇公园跑步，然后顺便去弥漫着烘焙香味的街角面包店买刚出炉的法棍，配上果酱、黄油和红茶，十分安逸。此刻他已知道，这段美好时光恐怕所剩无几了。

谈到离开的法国时的场景，他很释然，说道：“两年的岁月，这里已经是我的第二故乡，我舍不得走。那时候几个好朋友来机场送我，感觉很平淡，无悲无喜。心里想的是时间到了我该回去了，以后找机会再来。大概该离开的时候就要离开，不要留恋。”

“我之前跟我姐那个好朋友有过一番长谈，感慨我们把最美好的岁月都留在了巴黎。一个人在国外，什么都得靠自己，食堂周末不开门，所以慢慢地我学会了做饭。学习和生活上的双重困难很容易让人产生挫折感，这是我当时的切身体会。但正是因为这些经历，你才会变得成熟，变得坚定。我慢慢意识到原来我真的赚了。或者说用‘赚’字不太合适，只是‘变’了，三观变了。当时还不觉得，直到现在我才慢慢掂量出‘世界观、人生观、价值观’这几个字的分量，自己也愈发豁达从容。中法 4+4 项目也好，其他交换生项目也好，去欧洲也好美国也好日本也好，我们所看到的世界、经历的人生最终会反过来影响我们对生活的理解和思考。从这个角度讲，我要深深地感谢中法 4+4 项目。原因很简单，它改变了我，给我这样一个小城市出身的普通学子一个看世界的机会，让我能够认真地思考自己今后想要的人生，给我前行的决心和动力。”

“离开巴黎的前一天晚上，我和朋友们到一家小酒馆喝酒，从初到法国聊到现在，一股感情涌上心头。坐在那儿跟朋友们有说有笑地回忆过往，灯火摇晃，天色昏暗，我感觉自己从肉体到心灵都醉了，那种感觉太奇妙。”他顿了顿，继续道，“我就想着我下次回巴黎也要来到这个酒馆，喝一杯酒，哪怕只是我一个人。”

扬华研究生新闻中心记者 于洋 报道//吴跃成 编辑

于之楠

生活终究要完全

照片由被访者本人提供

西太平洋的风从窗户吹进，她在凌晨四点醒来，此时的东京，也在晚春樱花的香气中渐渐苏醒，朝阳透过窗帘照进屋中，明亮却不刺眼。于之楠明白，赖床在今后的日子里将成为历史。

于之楠，西南交通大学公共管理与政法学院 2015 级硕士研究生，同样也是硕士研究生中被遴选为 2017 年春季学期第七批赴日的交换留学生。于 2017 年 3 月，前往日本明治大学交换学习，赴明治大学学习期间保留交大学籍。返校后，由学院、教务处根据其在明治大学取得的课程学分确定其顶替本校相应的课程学分。

提到日本，在人们心目中，永远是漫天樱花飞舞，就像一幅摊开了的画卷，樱花树下，微风撩起和服女子华丽的衣角，美丽不可方物。那么真正踏上日本的国土，会看到什么样的景象呢？

不完全日记

2017.03.16　东京　晴

“到了，就是这里。”

之楠和同伴提着大大小小的行李箱，穿越了三四条新干线，拖着疲惫的身躯走在东京夜晚 11 点的街头，在搜肠刮肚地回忆之后，之楠终于摸索到了藏在自行车里的民宿钥匙。

电梯门关上的一刹，之楠知道，被隔绝在外的，不只是寒风。

收拾好行李，沐浴完身体，躺在软软的印花床上，还没来得及细想第二天到学校的行程安排，之楠就已被旅途的疲累下了“迷幻药”。

2017.03.31　大阪　雨

下午五点，空气里充满了湿润的气息。走出地铁口的一刻，淅淅沥沥的大雨裹卷着寒风满街打转，逐渐降低的气温使心都快要冻成冰山。之楠穿着底子很薄的皮鞋，街道地面溅起的水花把皮鞋湿透了，脚已冻得好像不属于自己。“多么绝望的旅途，”之楠想。可是再绝望的旅途也要往前走啊。她不再说话，咬着牙，怕一发声就颤抖，怕一发声就忍不住想哭。之楠突然冒出一股子狠劲儿，一口气往前奔跑了五个街道口，在她为自己的勇气和志气点赞的同时，隐约听到寒风中传来同伴似有若无的呼喊：“啊喂，你走错方向啦……”

旅行的夜晚，之楠坐在大阪城中心的摩天轮里，默默记录下这个城市的繁华和内心的落寞。之楠觉得，大阪——这个 GDP 排名世界第七，超过北上广的城市，并不仅仅是一个摩天轮就可以仰望的高度。但是，中国——这个曾经世界第一、八方俯首的国家，衰败后崛起，也许只有在如今的时代，才能更加体会到中华民族的伟大复兴梦，其实不是梦。

2017.04.01　奈良　晴

奈良公园的小鹿们此时正沐浴在春光明媚的季节里，享受着它们眼中唯一的美食——鹿饼干。那些奔跑成群的小鹿、嬉戏打闹的青年鹿、风烛残年的老年鹿，对想与它们亲密接触的之楠好像并不感兴趣——它们眼里只有饼干。“这些机灵的小鹿啊，简直就是人类的翻版好吗？”之楠喃喃道。可即便如此，她也觉得，能与小鹿们在同一片蓝天下，呼吸着没有雾霾的纯净空气，令她幸福得快要晕倒。

同伴说：“别晕，我们该下车啦，京都到了。”

2017.04.02　京都　晴

京都，这是一座有着浓厚历史气息的城市，它是之楠一直向往的地方。

在京都街头，随处可见穿和服的情侣。之楠第一次觉得，原来穿情侣装走在路上也可以美成一道风景。抬手按下相机快门的那一刻，滚烫的泪滴也悄悄滑落，之楠怎会承认，自己竟然被感动哭了呢。五月天《突然好想你》的背景音乐在她心里自动响起，“突然好想你，你会在哪里，过得快乐或委屈……”之楠想，原来一定要心有所往才语有所发，而心底的人却早已远隔千重山万重水。

不完全讨论

生而为人，我很抱歉。

——太宰治

研二下学期，课程都已修完，毕业在即，找工作在即，即将踏入社会的之楠，希望可以做一些自己喜欢的事，遇到一些有趣的想不到的事——于是选择出国留学。

可为什么选择日本呢？“我可能不是喜欢日本，我喜欢的只是日本人通过各种形式（动漫、书籍、风景等）传递出的一种精神和思想。”之楠思考之后得到了答案。

“中国人讲‘仁义礼智信’，‘仁’在首位；日本人讲‘忠义礼信俭’，‘忠’是核心。同时日本结合自身的武士文化，形成了武士道精神。在某种程度上，中国还是比日本看上去更加集体主义，这可能与中国自古以来的农业社会相关。由于地理环境和自然条件的原因，中国社会更加稳固，人民的思想相对封闭。而日本作为一个岛国，自然灾害频发，使得他们不得不时刻充满危机感，在面对事故等突发情况时，更加实际和灵活。”之楠说道。

到了日本后，她看了很多日本人独有的特点。比如，日本人很注重自己的外在，如行为、着装等，他们任何场合给人的感觉都是“端着”的。我们不得不承认，素有礼仪之邦的中国也是一个注重人与人之间如何交往的国家，礼尚往来，君子之交淡如水等。与中国人交往给人以一种恬雅的、让人如沐清风的交往体验。在古代甚至还有侠客仗义江湖。而日本人的一个重要观念是不给别人添麻烦。所以在公众场合都是恭敬客气，只做好自己的分内的事。

“出国能够更加开阔眼界，将有利于我整个人生格局和视野的形成，而事实证明确实是这样。”之楠说道。

不完全经历

“东京街道非常干净整洁，车轮上几乎没有灰尘，路上的车辆就像新的一样，玻璃窗透亮。而且每当人车相遇时，一般都是车会主动开慢，停下来让人先行。如果是有车在人后面需要同行的话，司机也不会按喇叭，直到行人注意并避让时，司机才会开过去，并说一句‘不好意思了啊’。东京街头的树木植物上也没有一点灰尘，全是透亮的绿。风吹起来的时候感觉树叶都在微笑。”

这是她眼中的东京。

而出发往东京之前的一系列准备，对于之楠来讲其实是十分烦琐的。交换申请、咨询讨论、日语的学习、资金的筹划等，都不是一蹴而就的事情，她也一一坚持了下来。因为她清楚地知道交换生涯会给自己带来怎样的冲击和影响，无论大小好坏，她自不惧，保持心地纯净、恭敬谦卑，全缘于一颗包容笃定的内心。

她知道一个人是无法摆脱掉成长经历镌刻于其身的影响。走过的每一步路，遇见的每一个人，结交的每一位朋友，都会在我们身上或多或少留下他们的影子。尽管这并不足以改变我们，但却在一点一滴地潜移默化影响我们。所做的每一个决定、每一次选择都是当时看来无比正确的，时过境迁以后，回头看，或庆幸、或遗憾、或后悔，大抵都是如此，事实也正是这样。但是，无论成长经历是否挫折，遭受的苦难是否沉重，对每一个人而言有什么可哭诉的呢？每个人的苦难不同罢了，每个人的幸福不同而已。

该做的，要做的，不过就是要忍耐，要希望，要笑，要等。

世界总是自我的镜像，没有对与错。

之楠是“偏执”的，热爱日本文化，感动于那些凄美绝望的故事，沉醉于“菊与刀”的美、阴柔的力量。之楠是“矛盾”的，希望一生做一件事完美到极致，等一个人来所至之处其余人都黯淡无光。

“我希望自己美好，世界美好，美好的我看到世界美好。”

美好的之楠终究美好，她勇敢可爱、坚强洒脱，对生活中的丑恶嗤之以鼻，对善良的事物永怀期待。生活总在变化，有时波澜不惊，有时汹涌澎湃。之楠希望，自己可以保持健康的体魄、美丽的容颜、纯净的心灵和爱人的心；而所有的不完全终将在那美好汇聚的一天变成完全，继而完整，我们也都终于幸福。

扬华研究生新闻中心记者 陈坤 报道//吴跃成 编辑

仵丹怡

活成自己想成为的样子

走出先贤祠旁的圣热内维埃夫图书馆，下午七点，落日余晖下的巴黎被太阳映照得金黄，年轻人们还坐在广场上，哪怕阳光晒得快睁不开眼依旧聊得神采飞扬。街角的咖啡店，女人们惬意地晒着太阳，随手把烟灰和家常抖进了六月的热风里。推开拉丁区奥斯曼建筑已有些斑驳的大门，浓郁的奶酪味道已经在安静的天井中蔓延开来，化成了一片家的气息。

突然她从梦中醒来，又是六月。此刻的她离开梦中的那个地方已经一年了，但梦里的一切还是那么清晰。窗外，蝉鸣不绝，盛夏的成都，暑气难消，燥热的空气悄悄弥漫开来。

仵丹怡，电气工程学院 2017 级研究生。本科二年级时，她被选拔为中法 4+4 项目的留学生，前往巴黎中央理工大学学习。本着“换个地方生活、然后多学一门语言也不错”的想法启程，但两年的生活给她的体会远比想象得多。

初遇法兰西

清晨八点，法国戴高乐机场，天气晴。

飞机在机场上空缓缓盘旋一圈后稳稳地降落在了地面上，机舱大门拉开，人潮裹挟着仵丹怡踏上了这片土地。前些时候鼻尖嗅到的还是花椒翻滚的烟火气，耳畔听见的还是欢快泼辣的四川方言，十一小时后，巴黎温润潮湿的空气便全然包裹住了她。戴高乐机场内那幅硕大的“Bienvenu”（欢迎）广告牌，温柔地提醒着这个年轻人，这个浪漫与温柔的国家欢迎她的到来。不远处，暖黄的背景墙下那幅硕大的“中国银行”广告牌在这个异乡的国度瞬间勾起了同行同学们的熟悉感。

抵达巴黎后，仵丹怡和同学们登上了前往维希（Vichy）小镇的火车，她们即将在那儿度过为期两个月的语言学习时光。

维希小镇坐落于法国中部，阿列河东岸。清澈的阿列河水绕镇而过，缓缓流淌，就像这里居民的脾性一样不急不慢。六七月份正是气候炎热的时候，迈下火车时，仵丹怡便看见了一位精神矍铄的老奶奶举着写有她名字的纸板朝人群中张望，这是她在法国结识的第一位朋友。

“那时每天都要去语言学校学习语言，一起上课的有瑞士的姑娘、墨西哥的小哥、中东的大妈、苏丹的大叔，每天上课学习的时光无忧无虑。”

维希小镇上的欧式低矮建筑、湛蓝湖水里怡然自得的天鹅野鸭、路上言笑晏晏的人们，正悄悄为她揭开法国的神秘面纱。“维希是一个给人强烈亲切、轻松之感的小镇。那段时间我好像对法国人的优雅与浪漫有了初印象。”

同住的老奶奶悄无声息地用自己的生活方式在这个初来乍到的姑娘面前展现着法国的别样魅力。“她的生活很惬意。上午，她常会在河边与闺蜜喝咖啡晒太阳，下午则会前往桥牌俱乐部打牌，晚饭后就躺在院里的长椅上看小说。60 出头的她特别喜欢穿紧身牛仔裤，身材依旧保持得很好，一举一动都很从容。”

和印象中“不一样”的中国人

巴黎十六区最繁华的街道上，仵丹怡穿着正装快步走着。

一年前，她结束两个月的语言学习后，怀揣着对未来两年的憧憬与期待踏上前往巴黎中央理工大学的列车。那时，她未曾想过，前方有什么在等待着她。

虽然有短暂的语言学习，但仵丹怡在面对课业时仍感到了些许吃力。每个单独的单词都认识，拼凑在一起出现在她面前时却成了天书。“我们课业压缩得特别紧，两年下来我总共学习了 50 多门课程。不同于国内的期末考试模式，我们上完一门便考一门，有时一门课一个星期就会结课。”虽然课业繁重，但也有许多新颖的内容十分有趣。

“刚入学时，我们便需要成立小组，分别开展为期一年的 project。我们组的任务是为一家志愿服务平台做策略分析。通过分析它的现状，并结合国内外其他同类型组织的发展状况分析它的发展前景、提升定位。”

之前从未涉及的文科领域对她而言无疑是巨大的挑战，而同四个法国小哥组队无疑使这个 project 的难度上了一个台阶。

“法国年轻人个个都是思维跳跃的。他们说话时语速极快。”开始时感觉不知如何参与的她发现只有主动沟通才能确保大家彼此的理解一致。为了更好地配合小组进度，仵丹怡开始主动尝试同组员们交流，并对自己所负责的模块事先做了充足的准备。每次小组讨论会时，她总会跃跃欲试地提出自己的观点。

“整个项目大概持续了一年的时间。项目结题那天我们去客户公司做汇报，穿着正装走在十六区最繁华的街道，大家心里都很有成就感。印象深刻的是，我们汇报完毕的返校途中，同组的法国小哥说，我同他印象中的中国人很不一样。”

“他说印象中的中国人不常说话，不喜欢自我表达。我觉得这可能和我们从小接受的要学会倾听他人的观念分不开，再加上语言障碍可能会让一些人更害怕参与。但其实当你开始敢于表达自己的意见时，你才发现和他们交流其实很简单很自然。”

抱束花敲开你的门

“法国人拜访朋友时常常带束花作为伴手礼，这个习惯我感觉挺温馨的。”

读书期间，仵丹怡曾有缘拜访过两次朋友，其中印象最深的当属拜访老校友。

“学校为了方便我们可以更好地融入这个环境，让我们国际学生分别结识一个老校友作为导师。去他家拜访的时候感觉是有了一个让我比较深入地去了解巴黎人家庭生活的机会。”

9 月的一天，怀揣着对职业规划的困惑，仵丹怡手捧一束花敲开了 Hannebert 先生家的门。

“那天，Hanneber 先生的家中碰巧来了一位老朋友和他的妻子，我和他们两对夫妇共进了晚餐。在餐桌上，大家从天气聊到工作，再到生活，平淡熟悉的内容让我感觉到他们所谓浪漫的生活其实也和我们的生活没什么差别，都是很真实的点点滴滴。只是可能他们用一种更随性的态度去面对。生活会有麻烦，但也别忘了有红酒、有鲜花。”

返校途中，她搭乘了地铁。穿过黢黑的地下隧道，耳边响起了呼呼风声，倏地，地铁窜上了 *Pont de Bir-Hakeim*（比尔哈克姆桥），漆黑的夜幕下，在塞纳河畔疾驰。突然间，车身方向一转，她稳了稳身形，抬头一看，灯光璀璨的埃菲尔铁塔映入眼帘。

“你看，即便天天上下班都要经过，铁塔依旧那么漂亮。”伴着车厢里卖艺者手下富于变化的手风琴声，耳边传来了两位上班族的私语声。或许巴黎就是这样，每天迎来送往。人们因为这座城市而改变，或是浪漫，或是温柔，但是巴黎却鲜有为谁变得不同。

Paris in the rain

“我同我现在的男朋友是在巴黎认识的。”谈至兴起，面前的女孩分享起了自己的恋爱经历。

“之前在交大时就已经听说过他的名字了。大三那年，我去往法国，他在慕尼黑留学。而我俩之间有个共同的朋友，也正是由于这个朋友的牵线搭桥吧，我们相识于 2015 年的圣诞节。那天他们说起来找我玩，我就把汇合地点定在了卢浮宫，第一次见面是在断臂维纳斯像下边，想起来好像增添了一点不一样的色彩。”

她甜甜地抿了一口面前的酸奶，顿了顿，绕着手指继续分享着。

“冬天的巴黎，是一座爱下雨的城市。但街上的人们好像并没有养成带伞的习惯。”她窝在椅子里，整个人仿佛陷入了很深的回忆中。“那天走在路上，突然下起了暴雨，我俩牵着手跑过了卢浮宫长长的回廊。当我们稀里糊涂地跑到了吉美博物馆前，找到了避雨的地方时，他望向我，我看着他，我们相视一笑。那时候好像感觉，巴黎多雨的冬天好像也变得可爱了。”

细雨绵绵的巴黎，薄雾蒙蒙的街道，街角处淡淡回味的酒香，这一切都不如眼前这抹上扬的嘴角美好。

阳光与阴影

“初到巴黎时，这儿的一切总会给人一种旧旧的感觉。”

仵丹怡永远忘不了她初次见到校园的情景。不同于交大宽敞的马路与宏伟的教学楼，中央理工大学最先映入她眼帘的是一幢幢低矮的小楼，像极了七八十年代的中国建筑。

随着对巴黎的深入了解，她逐渐习惯奥斯曼式的古典建筑林立的街道，虽然室内只能容下一两个人的狭小老式电梯时不时会给人以穿梭回 19 世纪的错觉。

“巴黎这座城市会给人一种传承感。这种历史沉淀的感觉和中国不尽相同。整个城市精心维持着古典风貌，从老建筑到人们根深蒂固的对艺术的热爱。我觉得这一点从法国人对博物馆的热爱就可见一斑。”

在巴黎，大大小小的博物馆星罗棋布地分散在塞纳河畔。仵丹怡犹记在橘园博物馆里，阳光从博物馆的窗户里温温柔柔地透进来，在地砖上铺洒出旋转的光影。人们三三两两地站在莫奈的睡莲画作前遐想或沉思，间或可以看见一群小孩子规规矩矩地坐在地板上听讲解。

“周末早起和朋友一起逛逛博物馆，坐在塞纳河边沐浴着阳光聊天，大概是我所看到的法国人最惬意的生活方式了。”

然而，这一切的光亮却在 2015 年 11 月 17 日的晚上盖上了一层阴霾。11 月 17 日晚，巴黎市内发生了一系列恐怖袭击事件，其中包含了五次爆炸与五次枪击。

“当天晚上本来我是想和朋友去事发剧院不远处的一家中国餐厅吃饭，但那天身体不舒服就取消了行程。第二天起床后，被短信与电话轰炸，我才了解到了事情的经过。后来全国宵禁，交通戒严，全市所有公共设施也一应关闭，那段时间真的有些人心惶惶。大概过了一段时间，我和同学去项目公司汇报进展，看见了第十一区那家柬埔寨餐厅墙外的弹孔，心里仍存有后怕。”

恐袭所给这座古老的城市带来的伤痛终究需要时间慢慢抚平，时间才是最好的疗伤药。人们在心怀悲痛的同时，也继续拾起手上未完成的工作，奋勇向前。

法兰西，会再见

夜晚八点，法国戴高乐机场，天气阴。

仵丹怡拎着沉重的行李箱迈上了扶梯。扶梯缓缓上升，眼前闪过了中国银行的巨大广告牌，她不由得有些怔怔出神。上次见到这幅广告牌，还是同两个同学一起，大家刚刚抵达巴黎，蓦然见到熟悉的事物，不由得有丝兴奋。如今却已两年逝去，大家搭乘了不同的航班离开了这里。

“这两年，我感觉最大的收获在于我了解到了中法生活各方面很多的不同。我学到了以前没有接触过的知识，看到了人们不同的生活方式，这些其实都是在提醒我生活的可能性有很多种，在你未知的领域还有很多你会感兴趣的事物，而你能做的事情还有很多，能达到的也绝对不仅是你已知的一切。”

“我记得一位学长对我说过，不要太早地下结论，很多事情只有自己亲身经历过之后才会明白到底是怎么回事。就好比即使你看过了许多关于巴黎铁塔的照片、画作、文字，也想象过无数次，但真正站在铁塔面前时，你可能会觉得它比你想象中更加令人叹为观止，或者你会发现好像它也不过如此。世事都是如人饮水，冷暖自知。不要被太多的想象或预判左右，想成为什么样的人自己就去努力。生活其实就这么简单。”

海明威曾说过这样一句话：“如果你足够幸运，年轻时候在巴黎居住过，那么此后无论你到哪里，巴黎都将一直跟着你。”两年的时光说长不长，说短却也不短，但却如仵丹怡所言，感谢这段人生里不可或缺的一部分，不断提醒着自己，去活成自己想成为的样子。

扬华研究生新闻中心记者 姚月 报道//张冕轩 摄影//于洋 王喆 编辑

4 支教笔记：山那边还有个小世界

能够用知识丈量的世界，都是无垠的世界。

如果，将它带给那些淳朴善良的孩子，改变的不仅是山那边的小世界，也许还有自己。

我们一生中，能够经历的角色转换有很多。

这一次，他们选择带去希望和温暖。

你看，就在山的那边。

小小的世界开始染上多姿的色彩，而他们自己的小世界也变得更加充盈。

徐君翔

用一年的时间去做一件对一生都有意义的事

照片由被访者本人提供

2015年8月底，第四届西南交通大学研究生支教团将分别去往蒲江县、马边县和高卓营乡，在三个不同的地点开展为期一年的支教活动。交通运输与物流学院2015级研究生徐君翔作为其中一名支教老师，于8月30日抵达了位于乐山市马边彝族自治县高卓营乡的大院子中学。他们此行被称为“第一次真正意义上的支教”。

五座山后的大院子中学

这个隐蔽在大山里的乡村，充满了大自然给予的秀美风光，同时相对闭塞的交通也让大院子中学蒙上了一层神秘的色彩。

镜头在慢慢靠近。大巴车颠簸在“危机四伏”的泥泞山路，缺损松动的土方让乘客们随时会有“命悬一线”的担忧。但技术超群的司机师傅却不以为然，带领徐君翔等四位支教志愿者经过两个半小时的车技考验，艰难地行驶了三十七千米的车程。在揭开大院子中学的神秘面纱前，徐君翔首先揭开了四张止痛膏药贴在早已不堪摇摆的腰上。

从马边县城翻过五座山，在山的这边就是高卓营乡大院子中学了。

有着些许民族风情的教学楼虽从外观上来看基本属于城市“拆迁队”的目标之一，但在这座大山里，却是毋庸置疑的“高楼大厦”。仔细看去，没有瓷砖的水泥墙上因雨天而渗透的污水显得有些落魄凄凉，稀稀落落伫立在操场的篮球架似乎成了学生们的主要娱乐设施。随着“学生公寓”几个破旧的字映入眼帘，徐君翔心中的嘀咕终于在看到这样一幢较为完整的楼房时，停止了喧闹。没错，这幢楼房就是支教志愿者们在接下来一年时间里的归宿了。

徐君翔一行四个人带着之前许下的“即使没水没电没网也没问题”这样近乎“壮烈”的承诺走进了位于一楼的属于他们四个人的寝室。然而，眼前的这一切依然惊呆了所有小伙伴：两张高低床，一张床垫，没有木板，没有桌子，没有椅子——在近乎徒有四壁的房间里，徐君翔的内心也多少有些失望。

经过重建式的大扫除后，徐君翔向一位彝族老师借了一张床垫，但无奈于没有床板，他只能找来前几届初中毕业生留下的书或者撕下的答案东拼西凑地堆成两摞“书墙”，放在床垫下面当作木板支架使用。潮湿的地面已经将最下面的书本浸湿，加之床的构造极不稳定，所以徐君翔睡觉时连翻身都会造成“书墙”移位，从此他大概只能像埃及的木乃伊那样纹丝不动地躺过每一个夜晚。

在入睡前，徐君翔和他的同伴们必做的一项工作便是驱赶蜂拥而至的飞蛾，因玻璃窗与窗框架之间的缝隙过大，时常会看到大山里的飞蛾着了魔似地扑向灯光亮起的地方。徐君翔一行只能用一块类似床单的布料将整个窗户紧紧封住。然而让他们没想到的是，这种薄薄的床单就是他们唯一用于盖身保暖的被子。

如此艰苦的环境确实配得上“真正意义上的第一次支教”这个名号了，因此在到达大院子中学的第二天，徐君翔四人便再次下山进城，全力“扫荡”了一些生活必需品，毕竟身体是革命的本钱，只有保持充沛的精力才能面对接下来一年的支教生活。

纯理科生的徐老师教了历史

雾霭幽幽，山鸟啼鸣，在经历了每天必下的晨雨洗涤后，大院子中学的学生们迎来了几位从山外面进来的支教老师。带着内心的新奇，徐君翔开始了他作为历史课老师的授课历程。

“小时候，我常伏在窗口痴想，
山那边是什么呢？
妈妈给我说过：海
哦，山那边是海吗？
于是，怀着一种隐秘的想望
有一天我终于爬上了那个山顶……”

这是徐君翔给初三四个班上的第一堂启蒙课——《在山的那边》。因为交通闭塞，经济落后，大院子中学的学生中去过马边县城的只有寥寥几人。成都于他们而言，比英吉利、俄罗斯之于道光帝还遥不可及。对于大多数孩子，他们生活的圈子仅局限于环绕在大院子中学周围的五座山上——其中包括了大部分留守儿童周末放假行走回家的三小时路程以及沿途的风景。为了打开学生们的视野，徐君翔给大家讲述了山的那边是什么，为什么要走出大山，怎样才能走出大山等问题，循序渐进地引导大家对山那边的渴望。

有了第一节启蒙课的抛砖引玉，第二节课上徐君翔却仍不着急讲课，他首先在黑板上写下了“不要，要，想要，一定要”八个字。这四个动词代表了徐君翔想要向学生们传达的求知态度，即从不要学习，到要学习，最后到想要学习、一定要学习。对于这些孩子们来说，这无疑是个艰难而漫长的过程，但徐君翔没有放弃。

在支教人员来之前，学生们对于历史课一直抱有一种反感态度，“不愿意抄，不愿意记，不愿意做作业”是他们以前的学习常态。为了改变这种风气，徐君翔对症下药，独创了自己的讲课风格——以开阔视野、增长见识为主，不拘泥于课本知识，关书授课，作业随堂。“他们以前讨厌历史课，五十分的总分差不多考二十分就算封顶了。我现在作为一名支教老师，并不见得能教会他们多少知识，使他们增长多少分数。知识在书上是看得见的，而对知识的态度则是在心里，虽然看不见但也是最根本的。因此我想要为他们带去的是一种观念的转变。老师站在讲台上不是威严和课程的象征，而是知识的传递者和心灵的沟通者。我希望通过我的教学，他们能从不想学习转变为主动学习、想要学习。”

徐君翔用自己的实际行动践行了他的教学理念。在接下来的一个月里，徐君翔每次上课前都会认真备课，即便是处于联网五分钟就会断掉而不得不反复连接的状态下，徐君翔仍旧坚守着教师的职责，不抛弃不放弃。

在每一堂历史课上，从斯巴达起义到古埃及金字塔，从史前人类文明到文艺复兴，随着课程内容的不断展开，越来越多的渴望知识的眼睛和不再沉睡的求知态度让徐君翔的不懈努力终于得到了回报。在徐君翔授课的班上，几乎没有一个同学睡觉。徐老师给大家带去的新奇感一改以往历史课的枯燥，使得越来越多的学生喜爱上了这门课程，并在课下积极向徐老师讨教。

一句回答，一次讲解都让山里的孩子们对山外面的世界多了一份了解，徐君翔带给学生们的不仅仅是趣味生动的历史课堂，也是课外延展的更多知识，更是点燃他们内心求知之火的明灯。而徐老师也理所应当地成了学生们周记里提到次数最多以及收到教师节礼物最多的支教老师。

清苦午餐的背后

晨雨过后，午后的阳光照得树叶透亮，顺带连人心也敞亮起来。在工作上获得不小成就感的徐君翔来到食堂，却被午饭待遇折磨得有点提不起精神——两个大脸盆里盛了半盆黑乎乎的炒素菜和青菜汤，唯一一盘肉食却硬得难以下咽。在徐君翔勉强吃完一筷子豆芽都可以下半碗米饭的午餐后，他发现班里的一个女生行踪有点奇怪。

学校每天中午除了食堂准备的“大锅饭”以外，会额外给学生们发一瓶牛奶和一个鸡蛋作为营养午餐，然而这个女生在拿到营养午餐后却没有立即食用，而是从食堂跑回了教学楼。徐君翔带着好奇询问了缘由，女生回答说：“我想周末带回家给我的爸爸妈妈和弟弟们吃，我中午吃得很饱了。”眼前这个初三的女学生，瘦小的身躯背着书包和牛奶鸡蛋，眼神里闪着血缘亲情的质朴光芒，丝毫看不出对于生活清苦的责怪。深受感触的徐君翔立即决定深入学生生活，更好地了解孩子们的食宿情况。

来到学生宿舍时，已经是晚上 10 点了，徐君翔在门外等待着 10：30 下晚自习的初三学生。经过一天紧张疲惫的学习后，大多数学生选择了直接上床睡觉，当然这也与彝族的生活习惯有关。徐君翔随着学生走进了寝室，只见不到 20 平方米的房间里，摆了三架上下铺的铁床，每一张床上搭一张硬木板，再铺一张床单，四五个同学就在这个仅有 0.9 米宽的床上相互拥抱着入睡，难以想象这样一个寝室竟然可以睡下 25 个学生。

然而更让徐君翔吃惊的是学生们的洗漱情况，他们几乎不洗澡，最多一个月洗一次，而且他们所谓的“洗澡”也只是在厕所的冷水管旁，脱下衣服浸湿后随便擦拭一下身体，随后将衣服拧干继续穿着睡觉。眼前的这一切让徐君翔陷入了沉思，他顿时理解了当初在提出要床垫时，其他彝族老师脸上的不解表情。

结束了一天的课程与寻访，徐君翔回到了自己的寝室，默默地看着窗外几只飞蛾扑闪着翅膀一次又一次被地挡在玻璃窗外，面对光明无力而又无奈。他拉下了电灯的开关，房间逐渐陷入黑暗，一切白昼的喧嚣包括村野的呐喊都渐渐沉浸在寒凉的秋山里。

大山里的生活乐趣

无论黑夜的残酷是怎样吞噬人类的心灵，在黎明灰亮的时候，即便是暴雨的清晨，大院子中学的每一个人都坚定不移地相信会有太阳照耀的时刻。徐君翔起了个大早，山里的空气直灌入肺，像人类文明还未开发这个地球之前那样遥远而纯净。

今天的徐君翔比往常要开心得多，因为不仅在山里抓了一只棕色的野兔作为宠物圈养，还颇有缘分地认了一个“混血”干女儿李嘉烨——彝族教导处主任和汉族英语老师的孩子。三岁的嘉烨穿着颇有彝族特色的花衣裳，面对徐君翔带去的平板电脑充满了十足的兴奋劲儿，不像其他彝族学生对手机都会产生恐惧心理而逃得远远的，嘉烨可是玩得得心应手。徐君翔也乐在其中地给干女儿讲《猫和老鼠》的搞笑桥段，讲《熊出没》的二和不二，而每一次去上课前和嘉烨的“离别飞吻”更是能让徐君翔愉悦一整天。

回到宿舍之后，和支教队友们交流自己的生活和成长经历也像一盘午夜甜点，给徐君翔的支教生活增添了不少美好滋味。虽然接下来的生活照样艰苦——厕所水管爆炸，厨房房顶滴水，厨房地面漫水，但是这样“水深火热”的日子徐君翔和支教队友们还是都一一挺过来了，而且现在的他们也算是见过“大场面”，有了“新视野”，打得了蟑螂，防得了蜘蛛，练就了一身兵来将挡水来土掩的十八般武艺。

实践出真知

大学本科参加过三次“三下乡”支教和志愿者服务的徐君翔可以算是经验丰富，对于艰苦的工作环境和生活条件也早已司空见惯。但这次在乐山马边县高卓营乡为期一年的支教刚刚过去仅一个月，就给徐君翔带来了不小冲击。

“刚开始以为去马边支教就是把以前三下乡的时间延长至一年，现在想来真是太傻太天真。人生需要经历磨炼和苦难，才能真正成长起来。以前听别人的教导再多再真实，自己也是怀着侥幸心理，没有直观感受。像这次需要恒心耐心苦心的支教或许在以后的人生不会有了，但这一年学到的东西，足够让我受益一生。我能够给大院子中学的孩子们带去的，不仅是知识的增长，更是希冀他们思想观念的转变。就像时钟指针背后的动力，有了本质的求知渴望，才会有分针秒针昼夜不息的努力奔走，才能换来祖国未来真正的改变。”

徐君翔在这头一个月的支教时间里，严格地践行了自己的支教信念。无论是没吃好没睡好，还是口舌干哑发炎，徐君翔都会默默地收拾好自己的情绪，以最饱满完善的心态去面对讲台下山里孩子们的纯朴眼光。

尽管他们一个班五十多人中只有几人能考上县里的高中继续学习，尽管从家到学校的路程通过三个多小时的步行才能到达，尽管他们的父辈还不知道现代科技有多发达有多便利，尽管在五座山的那边还是贫穷的县城，尽管他们的未来有无数的尽管在阻挡着光明，但仅需一把点燃求知渴望的火焰，我们就有完全的理由相信，像大院子中学学生一样的孩子们定会有拨开大山迷雾的一天，带着自然的恩赐，沿着人类文明的轨迹越行越远，越行越充满希望与力量。而徐君翔面对着已经过去一个月的一年支教生涯，必然也会在他的人生经历里谱写属于自己的意义。

“老师，你回去还要读书吗？”

“对啊，继续读研。”

“老师，你读那么多书一定是将来要当科学家吧？”

“老师不是科学家，只是希望你们能记得我，记得追求知识的感受。”

“老师，你要是成了科学家，也一定不要忘了我们。”

——重重叠叠的大山里有一个孩子面对黑夜默默许下了自己的星语心愿。

扬华研究生新闻中心记者 于之楠 报道//陈人龙 编辑

崔雅莉

那山，那人，那情

照片由被访者本人提供

“小时候，我常伏在窗口痴想，
山那边是什么呢？
妈妈给我说过：海
哦。山那边是海吗？
于是，怀着一种隐秘的想望
有一天我终于爬上了那个山顶……”

——《在山的那边》

崔雅莉，西南交通大学土木工程学院道路与铁道工程专业研究生，于2015年8月至2016年7月参加第十七届研究生支教团志愿团，在四川省乐山市马边彝族自治县高卓营乡大院子中学支教一年。从小追求自由的她，从繁华的城市走进大山深处，用她的肩膀扛住了简陋破旧的教室，扛住了贫穷和孤独，扛起了本来不属于她的责任，她和志愿团的其他成员使大院子中学的孩子们的眼睛铺满了阳光。

当问到崔雅莉关于支教的认识，她如是说“支教是一件神圣的事情，真正的支教是需要沉下心来，带着一份纯粹，不求名，不求回报。”出发不是为了到达，凡事但求问心无愧，想必这便是崔雅莉一直所坚持的“但行好事，莫问前程”。

那山——源之缘

炎炎七月，崔雅莉同她的同学们带着筹集的物资，从成都市搭乘6个小时的客车到达马边县城，换乘中巴车在崎岖陡峭的盘山公路和泥泞的土路颠簸2.5个小时后终于来到了高卓营乡大院子中学，一个坐落在群山沟里的唯一一所中学。闭塞的交通及落后的经济条件使得大多数孩子走不出大山，他们生活的圈子仅局限于环绕在大院子中学周围的五座大山上。

当谈到支教的生活环境时，崔雅莉沉思了片刻说道，“我是个心态很好的人，但当我刚来到大院子中学面对这里如此艰苦的环境时，我竟不禁委屈落泪。”学校土坯筑成的破旧房屋，山中难以忍受的昼夜温差，潮湿的雨季里发霉的被褥，无数个睡梦中还在扑打飞蛾的夜晚，饮食不习惯引发的各种身体疾病……这些都成为崔雅莉支教过程中的障碍。有时候她也会想，自己为什么跑到这种地方来。然而每当收到学生们从十几千米外的家步行为支教老师们带来的家中刚收获的玉米，每当看到讲台下一双双纯洁明亮的眼睛，每当听说班里哪个孩子又旷课或者辍学时，崔雅莉就坚定了留下来的决心。

一年的时间，在与孩子们和当地人的接触中，崔雅莉慢慢了解了彝族人的生活观念和习惯。渐渐地，她有些爱上了这里的日子，这些有趣的人们，这种简简单单的生活。他们的笑容永远不会吝啬，像这里的太阳一样寻常而灿烂。

那人——梦和远方

马边的孩子们在一些方面比不上大城市里的孩子，但他们的质朴和谦逊却是最宝贵的财富，支教者们尽力用自己所知的知识去感染每一颗幼小的心灵，为他们照亮前方的道路。

崔雅莉负责七年级两个班的数学课和八年级三个班的生物课，一周 24 节课，压力大是不言而喻的。因为担心讲不好课，她不仅每天认真备课，抽空给基础薄弱的学生进行学业辅导，还针对彝族学生汉语差的情况，组建课外阅读小组，提升他们的汉语表达能力。在进行学业辅导之余，她与班级学生谈心、做游戏、交朋友，了解他们在学习方面存在的困难和不良习惯，帮助他们克服困难。功夫不负有心人，她所带的班级期末考试中生物成绩排名全县第一，数学成绩排名在年级也名列前茅。

每当崔雅莉讲到她教过的孩子们，总是面带微笑滔滔不绝。在入学军训时，七年级的小男生日布石布让她印象最为深刻，由于先天性体内生长激素不达标导致发育不良，身高只有一米左右的他站在队伍的排头走起队列来却十分认真投入，每走一个正步似乎用尽了全身的力量，每做一个军姿都标准得无可挑剔。因为发育不良，他不能像正常学生一样反应敏捷，连读书写字都相当吃力，但上课时他依旧会目不转睛地端坐着听老师讲课，崔雅莉心疼之感油然而生。

真正了解孩子和他们的家庭，不能仅仅靠听别人语言介绍，只有到他们生长的地方去看看。崔雅莉回忆起一次难忘的家访经历，“我们曾家访了一个 13 岁的女孩，阿毕罗习。那孩子瘦瘦高高的，盘着长长的辫子，可能是常干农活的原因吧，她的手又黑又粗糙。”山里的冬天冷，崔雅莉去看她时，带上了两桶菜籽油和一麻袋棉被，想为她和她的家人尽绵薄之力。离女孩家还有两个小时山路时，她已经站在路口等着崔雅莉。“她朝我们笑了笑，一声声地道谢，当从我们手上接走棉被扛在自己的身上，一手拎起两桶油转过身要为我们带路时，我呆呆地愣在原地。就这样看着她的背影，回想着那甜美的微笑，那笑是灵魂深处所迸发出来的，如此美丽地绽放在她瘦瘦的脸上。”崔雅莉说起那女孩时眼中满是怜惜。

到家后，通过与她父亲的交谈崔雅莉了解到，女孩的妈妈几年前去世，留下了只有两张小床的旧屋和山上的几亩田地，她在家中八个孩子里排行老大，与普通孩子相比，她单薄的肩膀上承担的是弟弟妹妹的依靠和父亲的期许，是整个沉重的家庭。山里比不得平原，凡事都得靠走，学校到她家需要走六个小时的山路，为了每周一能够八点之前到学校，她凌晨两三点就得翻山赶夜路，伴着满天星辰迎接早晨的日出。“大院子中学的学生大多数都是连夜走山路上学，那是多大的毅力啊！”

崔雅莉在大院子中学支教过程中，负责成立学校图书室。一万五千本从各地募捐而来的图书，从图书分类、录入资料、编辑条码到最终图书室开放，她花费了近两个月的时间。每天除去上课，就是一个人坐在图书馆埋头忙碌直到凌晨一点。看着一个个渴望读书的孩子们，她宁愿自己少休息也不愿让他们等更久。崔雅莉坦言，“我一直觉得自己是一个很没有毅力的人，然而不论新建图书室还是一年的支教，我却都坚持下来了。每次看到这些孩子在图书室中埋头苦读的身影，我总是激动不已，深感自己所做的一切是如此有意义。支教改变我很多，它甚至影响了我的一生。”

山区孩子的梦，可能并不是当科学家、当宇航员，他们所求的，仅是有温饱的生活，能学到充足的知识。崔雅莉用实际行动点燃山区孩子的梦想，让他们的梦想不再是梦。

那情——爱在继续

崔雅莉从来没想过，会在马边和这样一群原本陌生的孩子产生这么深的情感，“这群小精灵成为我心中不能触及的最柔软的地方，想到离别之际他们不舍的眼神，想到他们用不顺畅的汉语发短信问我身体好不好、什么时候回来，想到他们傻傻地问我读完研可不可以再分配回来教他们，我就没出息地一遍遍掉眼泪。”

西南交通大学研究生支教团曾给王顺洪书记、徐飞校长写过一封信，信中写道：“自 2011 年加入中国青年志愿者研究生支教团项目以来，西南交通大学研究生支教团已经历经五年的风雨洗礼，期间足迹曾踏至 3 个县。五年间，四批次 17 名交大支教人真情接力，薪火相传，砥砺前行，秉承“竢实扬华，自强不息”的交大精神，在祖国和人民最需要的基层地区奉献着青春的热血，绽放出青春的光彩！”今年 8 月，第十八届研究生支教团成员已奔赴马尔康市与马边彝族自治县继续开展支教服务工作。教育精准扶贫，交大人在行动！

曾有人说，支教是为了把知识带给偏远地区的孩子们；也有人说，支教从某种程度上可以影响偏远地区孩子们的精神追求。然而，在支教团志愿者们看来，支教是给孩子们带去一双眼睛、一对耳朵和一双翅膀，让他们可以用这双眼睛、这对耳朵和这双翅膀，去看看外面的世界、听听不一样的声音、放飞七彩的梦想。

扬华研究生新闻中心记者 孙沛瑶 报道//于之楠 编辑

王子艺

那些年我们一起支教的日子

照片由被访者本人提供

倾情付出，尽情支援，洒向校园皆是情。

她——王子艺，西南交通大学建筑与设计学院2016届研究生，在西南交大第十七届研究生支教团西部计划中，她和她的同学用稚嫩的肩膀、满满的爱心，在祖国的西部成都市寿安中学，点燃了孩子们心中学习的希望。

初见王子艺时，映入眼帘的是她苗条的身材，坚毅的眼神中透露出一种自信。她非常友好地向笔者娓娓道来她支教的那些日子，有酸有苦亦有甜，更多的是一份成长和锻炼。

爱心起航让梦飞翔

她，出生在书香门第，父母和奶奶都是人民教师，从小就接受良好的教育，对孩子充满了爱心。2015 年，她带着对未来的憧憬与期待，报名参加了西南交大研究生支教团。

2015 年 9 月，在学校老师的陪同下，她和其他支教团志愿者来到了位于成都市蒲江县寿安镇的寿安中学。虽然学校的张应智校长、卢学寨主任亲切地接待了他们，但简陋的教室、破旧的桌椅，让初来乍到的他们还真有点不适应。但当她看见学校领导期待的目光、孩子们渴望求学的眼神时，又坚定了支教的决心，再苦再累也要让孩子们接受好一点的教育。

当问及王子艺为何舍弃大城市的优越环境，到偏僻的乡村学校支教，以及当初选择支教的初衷是什么时，王子艺微微地笑了笑："我想让自己的青春包含这样一段朴实无华、无私奉献的经历，我想让自己的青春有这样一份沉甸甸、夯实实的过往，我想让自己的未来一直这样没有任何浮躁和喧哗地走下去。我只想传播老师对学生的那一份爱！"

面对学校的艰难环境，她说："虽然这样的日子摸起来有点粗糙，却有着坚韧柔软的质地，我很幸福。"其实有时幸福是跟朴素艰苦成正比的，它是一种内心的稳定。我们并没有决定外界所有事情的力量，但是我们可以决定自己内心的状态。或者简单地说，幸福其实是灵魂的成就。

传播希望播种未来

当第一次抱着课本教案走进教室，并以教师的身份站上讲台时，王子艺还是稍微有些紧张，经过积极地自我调整和先前充足的准备，她很快地进入了状态。孩子们并没有想象中的调皮和不爱学习。

在教学授课中，王子艺了解到学生们之前的英语基础并不是很好，很多学生连音标都不会正确发音。当问及她如何帮助孩子们提高学习成绩时，王子艺告诉笔者一个学习英语的秘诀。每次上课时，她都会播放一些积极向上、有趣的英语短片，来帮助学生培养一种学习英语的状态和环境；在每周一、三、五的早读上，她会选择一篇阅读或是五个短篇听力带着学生们一起听一起做，这样可以与考试同步，让学生们随时了解考试要求。

在她的带领下，孩子们慢慢提高了对英语的兴趣，英语自然得到了提升。最后，王子艺深有感触地对笔者说："一个学生对老师的喜爱程度将决定了他对学习的热情和态度。我希望做学生们喜爱的老师，如果能让他们因为喜欢我而热衷于学习英语，那将是多么美好的一件事。"

青春烛梦奉献爱心

在西南交大求学五年的王子艺，深深懂得德育和文体工作的重要性，面对学校残缺不全的部门和少之又少的文体活动，王子艺带头组织了学校的"社会主义核心价值观"宣传活动、社会实践活动、"十月排球月"活动、十佳歌手比赛、艺术节选拔活动、校园运动会活动。并亲自担任主持人，每一项活动策划、统筹安排、现场布置、管理组织、宣传主持、跟踪报道、展示总结都能见到她忙碌的生影。

子艺告诉笔者，她想孩子在学习的同时，多参加一些文体活动，培养和锻炼各方面的能力。"我身在其中，累并快乐着，每天都过得很充实，很有意义！"说到这儿，她低头沉思了一会儿，给笔者谈了一个小细节。在她班上，有一个男生，每次坐在最后一排，时不时旷课早退和迟到，不少老师都对这学生很头疼。王子艺一有时间就和这孩子一起去跑步、谈心，她没有丝毫批评和责怪孩子的意思，只是以大姐姐的身份去呵护他、关心他、支持他。在后来的谈话中得知，其实这孩子并没有那么不爱学习，他只想多打打篮球，多参加一些文体活动。在王子艺的带动下，这男生参加了自己喜欢的活动，并且学习成绩也得到了大幅提升，再也看不到他迟到早退的现象，也没有旷课的记录。在上完课后，他才会全身心地投入到自己的课外活动中。

说到这，王子艺非常自信地说："孩子，需要理解和支持。虽然他们有时候有点叛逆，但只要你将心比心，从内心深处夸奖他，赞美他，他们会接受你，也会改变自己。”她还笑着对笔者说，有一种生活，你没有经历过，就不知道其中的艰辛；有一种艰辛，你没有体会过，就不知道其中的快乐；有一种快乐，你没有拥有过，就不知道其中的纯粹。支教的生活，锻炼了自己，纯粹了心灵！

授人玫瑰手留余香

难忘那一年教师节，王子艺刚到寿安中学不久，学校领导为这些新老师准备了一个特别有意义、特别难忘的节日。学校领导把老、中、青三代教师，以及优秀教师代表聚集在一起讨论聊天，大家相互了解，相互学习，在了解中熟知，在学习中成长。学生们亲手制作一些小的礼物送给老师，小礼物中还夹杂着小纸条，写着诸如“老师节日快乐”的祝福语，孩子们稚嫩的笔迹、纯净的眼神、发自内心的语言真正地感动了在场的每一个老师，也拉近了老师们与学生们之间的距离，大家相处得更加和谐愉快，这个节日让王子艺终生难忘。

王子艺深情地抒发了自己对这里的热爱：我喜欢这个地方不加修饰的景色，一切都是大自然的天性和淳朴的孩子有意或无意地雕琢而成，见惯了繁华，这里一切感觉都是微型的，但这种微型又呈现出了另一种精致的美。这里可以享受到大城市没有的乐趣。没有刻意的修剪，树木花草自由生长，任你随兴在这里躺坐打滚，摘几朵野花。尤其是那些简陋的操场和教室，更是让人难忘。孩子们纯净清澈的眼神，对知识的渴望追求，仍让人牵挂不已。

一年的时间，悄然而逝。在这一年里，王子艺从学生时期过渡到了人生的一个新阶段，拥有了一个崭新的身份；一年的时间，体验了一个完全不一样的生活。感激、兴奋、劳累、充实、新奇……种种情感夹杂一起。一年的支教历程，受到了学校全体师生，乃至整个社会的肯定与赞扬。锻炼自我，服务他人。以自己的力量真正地帮助别人，是王子艺不懈的追求！

“我只是一滴怀着奉献之心的水，在阳光的折射下光彩璀璨。我愿将自己有限的青春奉献在无限的志愿服务事业上，更愿无数的奉献之心同我一起汇成志愿服务的海洋，奔涌去灾区、去祖国最需要的地方。

我开始知道，美丽总会逝去；我开始知道，生命之外还有生命。我想，如果我再次支教，那一定是一场美丽的回忆。”

——王子艺

扬华研究生新闻中心记者 刘亦伟 报道//于之楠 编辑

王　霞

那年那城，一期一生

一个人一生会有多少次的触动，又会带给他人多少感动？每一件事情都有它出现的道理，有其存在的意义。我们讨厌寒风刺骨的感觉，柔和的阳光洒在身上总是感觉很温暖。正如那年，她在这座时常阴雨的马边小城里，遇到的那些人、那些事……

王霞，西南交通大学交通运输规划与管理专业的研二学生，西南交通大学第十八届研究生支教团成员。她曾服务于四川省乐山市马边彝族自治县第一初级中学（以下简称“马边一中”），并担任2016级十班班主任及两个班的数学教学工作。

王霞是一位彝族女孩，所以初到马边县，她并不觉得陌生，此山此水有说不出的熟悉，此城此人有道不出的亲切，有种回家的感觉。就这样，她在马边这个小城展开了为期一年的支教生活……

最美是开始

或许我们都有这样一种习惯思维，对于新鲜的事物，我们总保持着好奇，我们常常把一切都想象得十分美好。我们总觉得能胜任一切，因此我们始终能满心欢喜地去迎接一切新的事物。但事实上，一件事物美好与否是不能预见的，它总藏于你有所付出之后。

初来乍到，看着一张张洋溢着青春活力的面孔，我的心中有种说不出来的激动。我暗暗告诉自己：一定要好好在这工作，撸起袖子加油干！每天清晨，我呼吸着新鲜的空气，走在前往课堂的路上，偶尔还能听到山中传来的鸟啼声，山中略带寒意的微风拂过脸庞，多么清爽，多么美好。

每天，当我走进课堂面对一群天真活泼的孩子们时，看到他们脸上充盈着朝气与活力，我的心中就有种莫名的高兴，只想上课的铃声早点响起。

我曾以为，日子会这样一帆风顺地继续下去……

最思是其间

然而美好的日子总是昙花一现，绽放于一瞬，却留下了花期后漫长的平淡。

慢慢地，尝过了新鲜之后，我觉得当初的那股冲劲不知道何时散了，空气也没有了当初清新的味道，每呼吸一口都显得沉闷。

刚来的时候，我天真地以为只是教书；刚开始上课的时候，我以为上完一节课就能轻松一些；刚开始批改作业的时候，我以为 100 多份也会很快改完；刚开始接触学生的时候，我以为我们一定会很投缘……支教半年多了，一成不变的生活似乎在消磨着我的激情，那些曾经让人兴奋的工作好像开始变得乏味。这，真的是我想象的支教生活吗？

但是，支教过程中的点点滴滴，却触动了我的心。正是这些触动，让我渐渐明白了支教真正的意义。

我清晰地记得有这么一对兄妹，哥哥叫甘吉主，是一个十四岁的大男孩儿，独自带着比自己小两岁的妹妹来到马边求学。

他们独自生活，没有人来照顾他们，一切只能靠兄妹俩稚嫩的小手支撑。小小年纪的他们本该无忧无虑地成长，却不得不自己洗衣做饭、操持家务，哥哥像父亲一样照顾着妹妹，关心爱护着她。每次放学，哥哥都会去接妹妹一起回家，每次妹妹的家长会，哥哥都会坐在妹妹的教室之中。兄妹俩在小小的年纪就担负了大人的职责，他们比别的同学要懂事得太多，承担得也太多。

有一次我去甘吉主家家访时，正值晚饭时间，哥哥叹气说自己做的饭不好吃，妹妹却摇摇头安静地笑着，那笑，暖如冬阳。而甘吉主看着妹妹的笑容，也不禁抱住她瘦削的身躯道："妹妹，哥哥会一直在你身边。"

也许，这就是相依为命。

幸福生活来之不易，我们总在抱怨，食堂的饭菜不好吃，自己的衣服不够穿，然而我们所埋怨的一切却是这群孩子眼中的奢侈品。他们的饭桌上只有土豆，他们的一件衣服可以从年头穿到年尾。他们的交通工具就是他们的双脚，从家到学校都要走四个多小时的崎岖山路，车子对于他们而言更是遥不可及。小小年纪的他们，双手和双脚早已有了老茧，在他们的身上看不出一丝的娇气。在他们水汪汪的大眼睛里，我看到的是对外面世界的期待与向往。

支教半年多，我逐渐明白了自己肩上的责任，作为一位老师，自己的一言一行也许会直接影响到这些淳朴善良的孩子。

支教对很多人而言，也许并不能改变山区孩子们的生活现状，也并不能给他们带来什么直观的收益，但我相信，就像阿甘一样，如果一直奔跑在路上，自己的坚持总会有被理解的一天，到最后，那条路上不会只有自己一人。

支教的过程中，我经历了太多，也收获了太多。我感觉自己在这里好像又重生了一样，又获得了一次蜕变。对于这个地方，我有着挥之不去的感情。我喜欢这些孩子，他们带给了我太多的东西，通过与孩子们的接触，自己成长了，也更加珍视自己现在所拥有的一切。

的确，很多事可能听别人说得天花乱坠，但只有自己经历后才能体会其真正的味道。

最难是别离

天下终究没有不散的筵席，有再多的不舍和难过，也必须面对分别的那一刻。

还记得那首歌吗？“充满鲜花的世界到底在哪里，如果它真的存在那么我一定会去。”它描绘的不正是孩子们那双充满期待的双眼吗？

“用力活着用力爱哪怕肝脑涂地，不求任何人满意只要对得起自己，关于理想我从来没选择放弃，即使在灰头土脸的日子里。”这不正是孩子们现在的生活状态吗？

正如这首歌的名字“追梦赤子心”，孩子们，希望你们也能继续奔跑，为了心中美好，不妥协地坚持下去。后来，也许没有后来，这很有可能是最后一别，在满含深情的泪水里，终于明白有些人一旦错过就不在。

“王老师我们不希望你走！”

“孩子们，我也舍不得你们啊！孩子们，谢谢你们给我这最后的惊喜，你们给我写的每一封信，对我说的每一句话我都会牢记，我会时常翻阅它们。谢谢你们带给我的感动，等有时间了我还会回来看你们！”

别离难但却无可奈何。离别的车站，你我相隔一扇窗，而我只能在窗上写上“保重”二字。

这一年，这座城，这群人，再见。

孩子们，愿梦里再相望。

（本文是笔者根据王霞的口述所整理的第一人称笔录）

扬华研究生新闻中心记者 冯志华 报道//王霞 摄影//罗琦佳 编辑

5 多元研路：书本在左 爱好在右

在一个多变的时代，人们总在寻求关于自我认知的确定性。
我们往往遗忘了这样一个道理：
你之所是，便是你之所爱。
我们是谁，
在很大程度上并不完全取决我们的名字，而取决于我们的热爱。
因为热爱，我们勇敢。
因为热爱，我们坦荡。
因为热爱，一种精神的力量得以升腾，
并为我们铺陈出值得探索的无尽远方。

胡承饮

攀登在吉他弦上的青春

成都龙湖时代天街，人山人海。

夜幕降临，青春嘻哈音乐节的序幕拉开了。来自成都数所高校的校园原创乐队和舞团们，将在这里同台竞技，向最终的奖项发起冲击。

炫丽的灯光在金属舞台“肆虐”，乐器的铿锵嘶吼裹挟着激情澎湃的人声，冲出音响，刺激观众的耳膜，又使他们的身体随之律动摇摆。欢呼与喝彩之声掀起一阵又一阵浪潮，向夜幕呐喊着“不眠”的宣言。

舞台一侧，胡承饮与他的SO WHAT乐队，等待着他们的第一次路演。

手中红色如火的吉他，外壳冰凉。胡承饮抚摸着吉他。他记得第一次表演，还是在高中的班级文艺晚会上。那晚，他背着吉他，一路都因害羞而不自然，仿佛他背上那硕大的东西将他不为人知的秘密游街示众。

从家乡小镇一路走到这里，路那么远，回看，又那么近。

弹着吉他望着天空

云南文山的一个小镇，山清水秀。整个镇子只有两三百户人家，人们之间都相互熟识。胡承饮在这里度过了他的童年。

在他小学五年级的时候，有一次班里组织同学们学吉他，前提是每个人得买一把吉他才能参与学习。胡承饮回家以后告诉自己的父母这件事，但是当时父母没有给他买吉他，这件事也就不了了之了。

这件小事并没有在胡承饮的成长之路上留下多深的印记。他照常上课，考试，升学到初中，进入青春期，然后做起所有叛逆少年该有的老一套。

那时的胡承饮不知道自己应该干什么。“学习也学习不好，玩儿也玩儿不好，没有任何一点能让自己感到自信。”这样的生活让他渐渐变得内向。

因为父母是老师的缘故，胡承饮不像其他的孩子一样拥有太多的自由。在这个人人相识，家家相知的小镇，任何一件小事，都会短时间内扩大传播。胡承饮不敢自信地在小镇里做自己想做的任何事。

很多时候，胡承饮会有些厌倦自己的样子，压抑而无所适从。

在这个世外桃源般的小镇里，胡承饮的一切都是那么稳定：一成不变的环境，一成不变的人际关系，一成不变的课余活动，以及，一成不变的自己。他想挣脱，但每日清晨睁眼时那一成不变的阳光，却不动声色地用暖意让他的灵魂继续沉睡。日复一日，直到他初三第一学期的一天。

那天，一支乐队来到他的学校表演。校园里未经世事的少年们被眼前乐手们真切的身影深深吸引。人群中的胡承饮抿着嘴，吉他的旋律萦绕在耳侧，他的体内仿佛有什么被唤醒，一股原始而浓烈的冲动呼之欲出，仿佛这股力量已经在他的体内酝酿许久。他紧紧地看着忘情表演的乐队，不愿错过一秒。回到家里，胡承饮认真地和父母说："让我学吉他，我从今以后会好好学习的。"

初三的一年时间，胡承饮兑现了他的承诺，考入一所很好的高中。

中考后的那个暑假，胡承饮的父母开始请自己一些会弹吉他的同事来家里教胡承饮。假期过后，胡承饮简单入门了吉他演奏。

与吉他一起的日子

进入高中以后，胡承饮开始自己照着书学习更多的吉他演奏内容。那段时间，胡承饮喜欢上了听周杰伦的歌，他惊奇地意识到原来"听歌真的能让人坐得住凳子"。在有课程的周一到周五，他会强迫自己不碰吉他和音乐，因为只要一接触音乐，他就会兴奋到失眠。

慢慢地，即使是一首新曲子，只要有谱子，他就能自如地弹唱下来。吉他技艺不断进步的同时，他的学习成绩也破天荒进入年级前30名。

一切都不一样了，但是他又仿佛还是那个自己，内向，没有很多朋友。唯一不同的是，他的手里和心里，多了一把吉他。

胡承饮会弹吉他的事被越来越多的人知道，在同学的推荐下，胡承饮在班里的文艺晚会上表演了一次节目。那天，他弹唱了周杰伦的《晴天》。悠扬恬淡的吉他伴奏中，他将这首情诗般的歌娓娓唱来。一曲唱毕，他的心怦怦直跳。

在绵绵的吉他曲和深情的歌声中，班里的同学们忘记了那个瘦瘦高高，不怎么说话的胡承饮。取而代之的，是一个有血有肉，专注而富有情感的胡承饮。

弦琴逸志

舞台上胡承饮熟练地握好自己的吉他，旁边，SO WHAT乐队的其他成员都在自己的位置上紧张地准备。他还从来没有在这样的露天舞台上表演过。

此刻，站在舞台上，面对着四面八方的观众，胡承饮的内心没有一丝紧张，他等待这样的表演机会很久了：广阔的舞台上，每位乐手都有自己独立的表演设备，灯光精准地投射在每个乐手的身上，映出他们的棱角，与乐器的金属光泽融为一体。

胡承饮的手指触到那六根琴弦，冰凉粗糙的触感袭上指尖，仿佛打开了一个开关，四周无数的观众翘首以盼，一切，开始由他自己掌控。

胡承饮记得自己在“弦琴逸志吉他社”的无数个表演的夜晚，观众很少，表演设备不足，乐队的成员之间要共享设备。因为害怕自己发挥不好，影响别的乐手，更害怕自己的表演出现失误，胡承饮总是很紧张。

那些曾经的窘迫，仿佛就在昨天，又好像已经走远，只有在恍然失神的瞬间，才又显得那么真切。

高中毕业以后，胡承饮刚进大学，就参加了迎新晚会。他的名字被人们熟知，以至于后来辅导员来找他，让他组织起学院里的同学们，教他们学习吉他。

跟他学吉他的人多了以后，学校里的吉他社甚至一度以为这位来自云南文山的学弟初入大学就准备创立新的吉他社。

胡承饮主动加入了“弦琴逸志吉他社”。在这个社团里，他认识了许许多多优秀的吉他乐手。前辈们会向胡承饮介绍不同吉他技巧练习的入门曲，同时，在不断的交流中，胡承饮的眼界也得到极大地开阔。

他会仔细观察其他人的演奏，如果有特别的地方，他会细细地琢磨或者直接去请教，即使是一个小小的技巧，胡承饮也会仔细打磨。

闲暇时，他会去学校的草坪上，与朋友一起弹唱。无所顾忌地谈天说地，以乐为诗，那是他最放松的时刻。

慢慢地，他意识到，一个人要进步，就一定要和人交流，要到更大的平台上去。朋友的相知相助，也是人攀登路上不可缺少的部分。走出原来的那个自己，胡承饮自信地面对这个世界，柳暗花明，山高水长。

当成都龙湖时代天街青春嘻哈音乐节举办时，胡承饮已然有了 SO WHAT 乐队的雏形。大学生活，应该精彩一次！

再见，杰克

“再见，杰克！”

“再见，我的凯鲁亚克!”

《再见杰克》的铿锵旋律响彻龙湖天街。

胡承饮的手指在六根琴弦间上下翻飞，似火的红色吉他毫无保留地宣泄。同样的动作，已经做过无数遍，此刻，却指下千钧。克制内敛的旋律一次次重复，战斗的雄壮气息却在架子鼓点的推波助澜下节节攀高。

“让我欢乐一点，让我欢乐一点，不要让疑问留停在心间!”

《再见杰克》的歌词决绝、直接、无所顾忌，像一纸檄文。胡承饮却不想讨伐过去的自己。他手下的吉他自然、精准，在每一句歌词间游刃有余。张弛有度的吉他旋律，豁达、广阔、稳健，仿佛将曾经的所有激愤、窘迫、欢笑与忧愁消融在里面，探不见底，却闻得到里面的故事。

这一股声浪，裹挟着厚重的鼓声，炫漫的贝斯声，与深沉的人声汇聚，震颤着大地。

胡承饮，那个无所事事，徘徊在小镇街道上的少年，那个背着吉他，羞涩地穿过教室走廊的高中生，那个在舞台上如坐针毡的社团新人，此刻在音乐的世界里，他的一切变得纯粹而又自然。

无暇顾及观众，他有太多的东西想要传达，手指撞击着金属琴弦，那一次次真实的痛感，仿佛是触摸到了这个世界边缘，冲出了这个世界，将过去的自己，远远地甩在了身后。

比赛结束之后，SO WHAT 乐队赢到了奖金，他们用这笔钱买了架子鼓，开始到酒吧驻唱。再后来，到了大三下学期的时候，乐队的成员们各自奔向自己的未来，而胡承饮开始复习考研。

如今，胡承饮顺利考入西南交通大学信息学院，攻读计算机硕士学位。甫一进校，胡承饮很快就融入了新学校的吉他圈子，结识了很多志同道合的新朋友。学院迎新晚会的排练中，不出意料地依然有他的身影。

再回到自己的家乡的时候，胡承饮组织起自己儿时的小伙伴们，拉起了一支乐队。他们在小镇的广场活动室里排练。活动室的音响很好，小镇里半数的人都能听到胡承饮的歌声。

扬华研究生新闻中心记者 王喆 报道//曹奉鄂 摄影//于洋 编辑

林於明

行走在交大的诗人

照片由被访者本人提供

中等身材，个头不算高，戴着黑框眼镜，看起来沉默寡言。他以一种静默的姿态，行走在工科气息浓厚的交大校园。也许你也曾和他擦肩而过，但你并不会留意什么。然而一旦和他交流，碰触到他的思维，你就会马上被他牢牢吸引。

说起诗词，他的眼中流露出的闪光单纯得如孩童发现玻璃珠子一般。而当他站在中国诗词大会的舞台上时，镁光灯追随着他，就如同照过他心中的那个鸿蒙而辽远的诗意世界。在那里，他不再是世俗中的任何角色。他身骑白马，仗剑独行，在湛蓝的天空下，走过十里长安，灯市繁华。我们都在同一个世界，他却还有着一个属于他的平行时空。

林於明，是个诗人。

诗词 缘起 情长

不记得从什么时候启发了这方面的兴趣，但林於明高中时就开始写诗了。

“那时我写诗还比较杂，既写古诗，也写现代诗，但更偏爱含蓄蕴藉的古诗，虽然那时候我对古诗写作的章法还了解不多”提及此处，他只是淡淡带过，因为真正的的故事，可能是从他大学时代接触的一本叫作《诗词格律》的书开始的。

“那可以说是对我认知的一个颠覆吧。翻开那本书我才意识到，诗词的格律有多么严谨的规律和学问在里面，真的让我眼前一亮。”由此开始，他循序渐进地接触到了很多东西。诗词世界隐藏的大门，就这样被一个青年人，缓缓推开了。

可能也正是因为这样，他对于诗词的韵律特别讲究，甚至为笔者现场讲解起了用字平仄的各种规则：从清朝时用律严谨的风气，到更为高级的“拗救”用法。他讲了很多，但不会给你夸夸其谈的感觉。因为讲起诗歌时，他就像是一个容器，水满了，就溢出来了，自然而然。

诗友 曲水 流觞

说起后来参加中国诗词大会，其实他也是偶然看到，将自己写的诗寄过去，主办方就打电话联系他了。准备时林於明就坚持地看书背诗，从《国秀集》《千家诗》到《河岳英灵集》等等。后在第三场百团大战中他斩获第三，由此脱颖而出。第四场出来攻擂，他用粤语朗诵诗歌，只第一句，便惊艳四座。

提起这段经历，他很是感慨：“其实我是想朗诵《观公孙大娘弟子舞剑器行》的。但是主办方说这首太晦涩难懂，所以拒绝了。”

在央视的舞台上用粤语读诗，他可算得上是第一人了。“其实我选择用粤语读诗是别有深意的，因为好多不押韵的诗用粤语读会押韵。”的确，粤语保留了中国古代的发音结构，共有九个调，停顿自然又错落有致。这一点优势在古体诗的朗诵上犹能体现。“古诗都是押韵的，不押韵的都是因为现在的发音变化了。”这是他想传达的东西。

中国诗词大会的选手林林总总，年龄跨度和阅历差距都非常大。在那里，林於明认识了很多不同的人。“我们一场的选手私下也建有微信群，有时会去喝酒聚餐聊天。我也去，但大多数时候，我还是选择背诗。”林於明虽然不抗拒热闹，但也不会刻意地去寻求繁华与喧嚣。他只是更喜欢安静地自己思考一些事情。他说：“其实对我而言，思考和宁静是一种习惯。”

诗歌对他来说不是件热闹的事，反而是有着某种私密属性的，就像他精神与外界的连接口。他将诗歌视为一种抒发情感的专属，而不会是用来强调自己存在与价值的标签。当然，诗歌也不会是他的标签，因为标签是可以撕下的，而诗歌已经渗透进了他的生命。这么多年走过来，恐怕早已融化得了无踪影。

诗情 初心 未忘

林於明骨子里就像一个会“举杯邀月，对酒当歌”的古代诗人。兴之所起，情之所至，他会仔细地写一首诗来。

“我曾到南华寺游览，当时并没有特别的感慨。然而两年之后的某一个晚上，我深夜未眠，起身望向窗外，万家灯火已然冷却。街上遥远的霓虹在入夜的城市中微微摇曳，映入眼眸。往事的剪影在脑海中重重叠叠，我只觉没由来得百感交集，思绪却随风飘落在了记忆之海中的一块浮木上。”

他想到了那次的南华寺之游，情感也一下子被打开了一个缺口——时隔两年，他作下了一篇《忆南华寺参谒》——

肃谒南华寺，苍山杳风烟
随处散行迹，不觉日西偏
初恨游竟日，未得咏一言
猝然忽自幸，不曾写片笺
千古曹溪水，照影时时迁
何曾真有物，无非镜月缘

我行亦似此，驻形空流连

自来还自去，何念更何慊

他经常会在朋友圈晒自己写的诗，当然最多的还是平时的随笔诗词。他是把诗歌当成柴米油盐之外的一处清净角落的。“写诗其实挺费时间。原来有些志同道合的朋友，他们也渐渐少写了。人就是这样，一拨一拨的。但这样也挺好，你写出来，懂的人自然就懂了。”

现在这个年代，确实鲜少见到有人用古诗来传情达意了。可对林於明来说，仔细推敲，反复回味，琢磨出一首诗来，从不需要先去衡量它有多少价值。笔顺着心走，如此而已。诗歌一直是件单纯的事，这一点从未改变。哪怕这是一种稍显孤独的语言。

林於明最喜欢的诗人当属孟浩然：“他的诗乍看朴实如白话，可多读几遍你就会发现，里面深刻的东西出来了。”他尤爱那一句“木落雁南渡，北风江上寒。我家襄水曲，遥隔楚云端。”这样的诗句不事雕琢，自然浑成，而意境清迥，韵致流溢。他赞叹这样的境界是自己今生都可望而不可即的。

这些年来，他的微信头像从未变过，一直是那个挺胸迎风、邀月共饮的古代诗人。或许，这正是他心中对自己的最好刻画与期望。

令人意外的是，他读研究生所选择的专业并不是汉语言文学，而是哲学。

“诗词对我来说是爱好。我学哲学就是希望去进一步探寻那种有关思想本身的诗。从某种宏观意义上来说，二者是共通的。”虽然他提到自己专业时，常常自嘲自己的专业干的是“咸吃萝卜淡操心”的事。但不可否认的是，哲学在他心中是具有重要意义的。如果说诗歌于他是一块为他遮风挡雨，供他休憩心灵的温暖小棚；哲学于他，就已经是确定要在其中乘风破浪，扬帆远征的辽阔沧海了。

用他自己的话来说，他知道这个专业学的是什么，也知道自己想要的是什么，所以这一切都不是盲目的。来到交大读研，是他深思熟虑的结果。“在很早的时候我就对哲学有兴趣了。本科时我没有勇气选择哲学。但这么多年过去，我想自己应可以做出决定了。”问起他以后的发展方向，他说他可能会想读博，以后做理论研究。这条路既然选择好了，他就会一直走下去。

做这样的学问与思考，总会给人一种他是活在最深的宇宙角落，或是最冷的海下冰点的感觉。而放到实际生活中，他虽话不多，但总会让你觉得他还是相当幽默风趣的。他过着自己安闲的小日子，不仅不冰冷，还有着孩童般的可爱与天真。

或许正是因为对这个世界看得多了，体悟得多了，所以他从未出现“世不我许，我不世与”的激愤或孤傲，也不会用严肃的学术包袱来将自己高高端起。人类将书本越读越薄而知识内化于心，世界便越来越敞亮，灵魂也走出蒙昧，逐渐丰富而统一。

其实他更懂生活，更会生活，也更热爱生活，能与世界和谐却从未失去自己的独立。有人说，生活不止眼前的苟且，还有诗和远方。但林於明却像一直生活在诗和远方中。他享受人世间烟火尘世的温暖气息，同时也在心中为自己留了一块无人可扰的世外桃源。他在用自己最舒适的方式在这个世上活着。

诗词是他的过去，是他的现在，同样，也是他的远方。

扬华研究生新闻中心记者 何梦琳 报道//于洋 编辑

张　增

即将告别交大的“电影人”

张增，青年配音演员，主持人，人文学院艺术（电影）专业 MFA。

中国艺术家协会会员、全国优秀艺术人才奖章获得者；中国青少年艺术节四川省优秀指导教师。

曾担任文化部全国群艺重点项目“踏歌起舞 · 幸福银川”系列文化工程主持人；北京中外交流杂志社新闻中心记者；峨眉电影音像出版有限公司配音演员；台湾中央电影公司配音演员；宁夏广播电视台栏目配音等职务。

在校期间代表学校参加“大学生中华经典美文诵读大赛”获全国二等奖。

现任四川音乐学院专业教师，担任国际演艺学院表演（电影电视配音）专业、广播电视编导（影视编导）专业本科教学工作。

2017 年，张增担任执行导演并配音了研究生毕业微电影《九十九未满》。当年执导毕业微电影的导演，如今迎来了自己的离别时刻。

期盼已久的这天终于到来，天空中的晚霞格外滚烫，一路摧枯拉朽地烧到天边去。落日的余晖洒下，抬头望去，像极了滚滚飘落的天空碎片。

我知道，这将会是一场盛大的狂欢。

我看见熟悉的图书馆，用红毯一步步铺上台阶，蜿蜒到对着湖中心的空旷高地。最顶端的大盏聚光灯和环湖而置的柔光灯将整个湖面和与草坪映照得格外闪耀而流光溢彩。图书馆的两侧馆体架起两个超清显示屏，如同挣脱束缚而绽放的巨大羽翼。

我看见熙熙攘攘的观众、记者、摄影，在环湖一圈的草坪和大道上，或站或坐着，抬头仰望焦点中央。

我看见穿黑色礼服的自己站在穿着正式的同学中间。大风飞扬，荡起女孩们晚礼服翩飞的裙摆；灯光交织，照亮我们笑容舒展的面庞。我们沿着红毯走上去，镜头在跟随，闪光灯咔嚓作响。空地中深蓝色展板上，我们落下的签名熠熠发光。

我看见荧幕上错综变幻着无数电影的片段，流淌出那些我熟悉的乐曲。荒无人烟的公路上破旧的卡车在轰轰前行；淅淅沥沥的大雨冲刷着孱弱的人们相互扶持的背影；特写的双眸前升起缭绕香烟撩拨着说不清道不明的深情……那些动作被定格在了一瞬间，那些情绪凝结成无尽永恒，被撕裂的对话赤裸裸地引爆，源自内心的嘶吼悲哀地控诉着空气。

我们晃动着冒泡的香槟，挥洒着让它冲向天空，又向着湖面飞溅着浇下去。我们用话筒对着全世界大喊：“欢迎来到交大林湾村国际电影节！我们是交大电影人！”偌大的风声来自天际，人群的欢呼和呐喊一浪接着一浪，气氛开始滚滚沸腾。

然后画面却开始抖动，鲜艳的红毯，光洁的脚踝，晃动的打光灯渐渐变得模糊，直至光线迷乱，人影绰约。我看到“林湾村国际电影节”的牌子也掉落了，整个世界开始天旋地转，那些欢声笑语也不再清脆，如同上个时代的黑白电视坏了而发出沉闷的电磁波声响，直到最后再也不响了，耷拉着脑袋立在积满灰尘的雕花木柜上。

在一切戛然而止以后我缓缓醒来，从床上爬起来，闹钟显示着八点十三分。环顾四周，还是熟悉的房间，以及熟悉的清晨。

我叫张增，是人文学院 2015 级艺术（电影）专业硕士研究生。我和我的同学常常称自己为交大“电影人”。

现在我已经毕业了，但我还清楚地记得我第一次来到交大的样子。最初一个月，我几乎是天天都在找路。这个校园太大了，建筑恢宏，绿树成荫，大道宽阔，我几乎仅凭第一眼的感觉就爱上了它。

而后我能渐渐感受到它的氛围。学生们在校园内享受着一方方安静的书桌，学生活动的丰富程度也令人惊艳。这和我本科就读的四川音乐学院完全不同。在外人看来，艺术生的生活想必丰富而多彩，但艺术院校恰恰因为纯粹，所以也充斥着单一。

这也是我来交大的理由，我想体验综合性院校的氛围，想听到更多的声音，想接触到这个世界上更多不同的思想与不一样的存在。

本科我就读于表演（电影电视配音）专业，学习的是如何运用声音去塑造一个个鲜活的人物，去诠释影视作品丰富的精神与感情。研究生时我意外地转成电影专业，意味着我又接触到了一个新的艺术门类与形态。对我来说，这其实是非常令人兴奋的事。永远渴望一个丰盈饱满的内心与精神丰富的自我，这大概是所有对艺术热爱的人的共通自觉。

在这个充斥着工图、实验、模型、比赛和科研的学校里，我们了解历史文化背景，研究经典电影理论，揣摩光与影的碰撞，体悟电影世界里的百态人生和众生万象。我们的日常学习生活，就是课堂的开放式讨论，然后自己设景、拍摄、剪片子。

小众的我们，是无比独特的存在。

我在校研究生会做主席助理，会接触到很多其他院的同学，常常有人问我：“你是什么学院的？”“人文学院。”“噢，什么专业呢？”“电影。”“我们学校还有电影专业呀？”

这些对话经常会陷入的尴尬境地，让我感到非常无语。

原来身处艺术院校时，我无法意识到艺术方方面面的特殊性。但在交大，这种小众标签轻易地将我“拎”了出来，也把我从一个自认为理所当然的世界剥离出来。我开始拥有一个更广阔的视角，去重新思考问题。

在这里生活，我第一次发现直线的工科思维和跳跃的艺术思维是存在于两个维度的不同时空。或许我们在彼此眼中，都是外星人一样的存在。

真正让我改观那件事，是我参与主持的 2015 年竢实扬华奖章的答辩会。在这种高手角逐的场合，再厉害的学术大牛出现都不令人奇怪，但是有一个人实在让我印象深刻。

那是一个瘦瘦的男生，穿着质朴干净，性格略带腼腆，人很有礼貌。我还记得他叫韩鹏，来自牵引动力国家重点实验室。在台上答辩时，他神情舒展，双手认真比画着。我能感觉到他的科研浑然是他的一方小天地。他在那里自由地畅想，尽情地创作。

他展示了他所参与的无轨电车的设计和研发过程。这是我第一次看到身边的工科生们每天都挂在嘴边的“学术”是如何从设想到创造出来，并真正应用于我们的生活，给生活带来质的改变的。这也是我第一次完完整整地了解到他们是如何去实现自我价值的。这样的体验，让我觉得既惊奇又不可思议。

我想或许我开始理解那样的一种价值追求。当然，我也希望他们能够懂得我们。

有些“边缘”的身份固然很无奈，但无论何时，身处何境，我从未为自己艺术生的身份而困扰苦恼，我从未去质疑它的价值与意义。我需要一种形式将自己的感受外化，一种浪漫让我不至于精神空匮。我在追求着自己所热爱的一切，所以一直深感自豪而幸运。

也幸而我在交大遇到的所有人，经历的所有事，都对我们展现出了一个理工科学校最大的包容与尊重。

艺术（电影）专业的学科带头人高力老师，一直对我们的处境特别理解。他知道我们需要什么，总是极力为我们争取。

还有我们专业的客座教授，中国电影金鸡奖评委，国家一级编剧钱道远老师，虽然他总是匆匆来去，上完课就走，但他总是很关心我们，经常给我们推荐一些实践活动，或者发表论文的方向。他是真的极其认真地在为我们考虑人生规划。有时提到一些人脉或机会，他会直接说："哦，我认识他，我给你电话，你去联系他看看。"

我知道，学校能提供给我们的平台和资源固然很少，但是却已经为我们做到它能做到的最好。我们的专业设备或许不是一流，但是却分门别类，样样全备。我们的授课老师或许在交大并不知名，但是个个都关心我们，对我们毫无保留。

我们专业，一共只有一个班，16 个人，就如同兄弟姐妹般亲密。我们的内心都无比清楚，我们要接纳我们自己，我们只有我们自己，我们只能靠自己。所以，我们是真正像向日葵一样在顽强生长，自己去发掘周围的资源和机会，即使在夹缝生存，也要汲取尽可能多的养分，沐浴尽可能灿烂的阳光。

一路走过来，最宝贵的就是我周围的这群同学们。我们在一起插科打诨，吵吵闹闹，也在一起相互支撑，彼此温暖。我们对抗着现实急剧的漩涡，也追随着精神最高的理想，用自己点燃的烟火驱逐黑夜的孤独与清寒。

研一的时候，大家天天在一起，非常要好。到了研二渐渐忙了，我去了台湾师范大学交换，大家的联系是会变少。但是这么一群人，就算平时不说话，你知道他们是永远在你身边的。

每次我们凑在一起就会说，要举办一场交大的国际电影节，展示我们的毕业作品，也让全校的同学都参与进来投稿。我们曾畅想了很多很多，每个人兴奋的表情我都还记忆犹新。

我们希望被看到。我们虽然画不出精巧缜密的工图，做不来滴水不漏的实验，可是想要大家知道，发幽探微的体察与领悟，洞若观火的认知与见解，天马行空的想象与创造，同样能做到不输于他们的优秀和卓越。

我们希望被听到。想要校园的角落响起电影的声音，想为书香的氛围增添一缕艺术的浪漫与疯狂的想象，想让年轻的心多一些审美的熏陶与灵魂的激荡。

对自己的母校，我们不可能说没有热爱。

如今，我们毕业了，在这片对我们来说不算肥沃的土壤上，我们已经做到了问心无愧的自我成长。而这个曾经见证我们一点一滴成长的专业，却暂时停招了。

总会觉得酸涩吧。梦想中的电影节，还能实现么，或许真的就会化成泡影，而将我们所有的浪漫与轻狂封存于那场美好的幻想。

后来，我又回到犀浦校区了，看着下课的学生骑着单车，情侣们牵着手漫步，几个酷酷的孩子滑着滑板从人群中穿过，不禁感叹大学里的时光是多么美好。好想永远留在这里，读书，学习，做一个普普通通的交大学子，享受这片净土纯纯粹粹的安宁。

或许每个人都会成为曾经。但我希望它还记得，那时的我们在犀湖湖畔架着三脚架，温柔而仔细地凝视着这片土地的眼睛。

我最后说一句，我爱交大，我曾来过这里。

扬华研究生新闻中心 何梦琳 报道//曹奉鄂 摄影//于洋 编辑

朱芷璇

设计 · 人间

在设计专业的学生眼中，设计到底是什么？

设计是一种面向生活的工作。如今艺术和设计的边界逐渐模糊，大众往往也难以区分。

在朱芷璇看来，设计是一门更为严谨的学科。她并不在意自己的世界是否足够艺术。清晨时的阅读、旅行中的跋涉，最终都可能成为她指尖上的一种鲜活灵感，成为她与这个人间构建某种默契的形式。

她只是简单地不断铺陈着自己对生活的理解与感触罢了。

画　室

2012年，浙江温州，萧逸画室，人物素描课。

教室一侧，一本教材搭在椅子上。翻开的书页上，是一幅人物头像作品。学生们搬着小板凳坐满教室，左手扶住画板，右手专心致志地临摹教材中的头像。画室中只听得到铅笔摩擦画纸的沙沙声。

教室后排，一个小姑娘探头看了一眼教室前方的头像，随即眼眉低垂，再次用右手擦去了画纸上勾勒出的轮廓。在萧逸画室，学生们每周按照作业成绩的排名调换座位。这一次，她没有取得理想的名次。

还没有上学时，她对画画的热爱就已经在心里萌芽。现在，这份热爱正让画技停滞不前的她倍感苦楚。即将高考，承受着文化课与艺术课的双重压力，这次排名失利成为压倒她情感的最后一根稻草。

她的眼眶开始湿润，可手中的铅笔却没有停歇，依然不住描绘着。终于，盈满的泪水夺眶而出，滴落在画纸上，晕开了道道铅痕。画室安静如初，前排的学生们专注作画。泪水跌落的声音淹没在沙沙声中，仿佛只有她自己听得见。

忽然，她的右耳被塞进了一只耳机。她本能地扭头看去，耳机另一头，正戴在旁边朋友的耳朵里。朋友并没有看她，手中的画笔依然在面前的画板上描绘着，就像什么都没有发生过。只有细细的耳机线，成了两只耳朵间的羁绊。

仿佛有着一种默契，两个人一句话也没有说。小姑娘拿起笔，继续画起未完成的头像。张韶涵轻灵的歌声温暖了她的耳朵，萦绕在她的脑海。

“淋雨一直走，是一颗宝石就该闪烁，人都应该有梦，有梦就别怕痛……”

描线开始在画纸上生长蔓延，白色的素描本渐渐染满铅色。那是记忆中的风景。

江南女子

高中毕业以后，朱芷璇走出萧逸画室，迈进了西南交通大学的大门。

到成都读书是她第一次离开家，独自一人生活。本科毕业以后，她选择继续留在本院读研，成为 2017 级建筑与设计学院环境艺术设计专业研究生。

朱芷璇来自江南水乡、瓯江南岸的温州。初见她时，她给记者留下的第一印象却并不贴合我们最初对江南女子的设想。她身上散发着独属于她的复杂观感——顽皮与跳脱是她，干练与知性亦是她。

“其实，我觉得我就是别人说的那种‘傻白甜’的类型吧。”朱芷璇笑嘻嘻地对自己进行评价。

更令人想不到，眼前的这位身姿高挑的准设计师，在朋友们口中的外号竟然是“土豆”与“仓鼠”。

“我身边的朋友都很好。我也特别感恩生活，让我遇到的都是非常好的人。但是可能是关系太好了，我的这些朋友都变成了‘损友’。”朱芷璇无可奈何地苦笑道。旋即她又若有所思地托着下巴：“也可能我的自我认知和生活中我的真实表现是不一样的。比如有的时候，我觉得我应该是安静优雅的，但其实真实的我是这样的。”说着，她帅气地挥舞着胳膊，摇头晃脑，模仿了一下说唱歌手的动作。

记者调侃地说：“你不像是江南女子。”

朱芷璇却认真地反问道：“那你印象中的江南女子是怎样的呢？闲静时如姣花照水，行动处似弱柳扶风吗？”

记者想了想，说道：“大概是软甜依人，婉约自然吧。”

她笑笑，笃定地说：“我身边的女性朋友很少是这样的呢。反倒更多的是时尚独立，性格里有刚强坚韧的一面。”

这个生长于江南水乡的姑娘，虽然未必完全“如丁香一样”，但江南水乡温润含蓄的底色，却在她的心底留下了关于美的最初印象。多雨的江南，潮湿的季风，潜移默化地影响着她的审美直觉。她偏好使用暖色调构图，不喜撞色，钟情黑白灰的典雅。当这些直觉全都付诸画笔，就成了一件件印刻她自己个性色彩的作品。

她的性格一如她最欣赏的英籍伊拉克裔女设计师扎哈·哈迪德——勤奋、独立而又不失浪漫。

设计之美

8 号教学楼，通宵画图的夜晚。

教学楼外万籁俱静，暗黄路灯烘托下的楼宇静静伫立。楼里同样安静，走廊上的灯驱不走固守在角落里的黑暗。世界开始变得纯粹而简单。那些隐藏在白日的小细节，此刻都开始显露出来，嗅着孤独的味道，聚集在一起。

朱芷璇在电脑屏幕上的一笔一画中，仔细思索打磨着设计方案。键盘敲击，滑轮滚动，模型放缩旋转，线条延伸弯曲，这一切在屏幕中的空间穿梭交织。宁静雅致的公园，富丽堂皇的酒店，充满特色的文化街，蔚然厚重的博物馆……一间间充满设计感的建筑由想象变为图景。

这样的生活，朱芷璇度过了四年。

设计，需要有丰富的积累、厚重的底蕴与广博的见识。导师建议她“每天读 50 页书”。这是一个看似轻松但极度考验毅力与耐力的建议。朱芷璇认真听了进去，只要有空就断断续续地阅读。虽非每天如此，但也已成为一种习惯。

日积月累，为了深入理解和学习专业，她的阅读范围涉及更多领域。从悬疑爱情到哲学心理，从中外古典再到科幻未来，甚至像黄仁宇的《万历十五年》这种史学专著她也会一览为快。虽然未必能完全理解书中细节，但这并不妨碍她在不同的知识领域之中来回漫游。

“我的知识范围其实还是很不足的，并未达到精通，但我愿意努力去多多了解。”

也正因为如此，在朱芷璇的理解中，“美学”并不是静止孤立的概念。她很清楚，世人审美也非永恒不变。赏析一件设计的美感时，文化、政治、经济、历史背景等等因素都需要一一考量。

“你觉得美有标准吗？”记者问到。

朱芷璇靠回椅背，垂眸略加思索，给出了她的答案：“我觉得你可以这么去理解，有时你很难说清楚‘美’到底是什么。比如毕加索，他是一位有着超然地位的艺术家。即使是他的作品，难道所有人都会觉得它们很美吗？可能很多人都不会这么觉得。”

归于生活

聊起设计领域的专业问题时，她依然思维敏捷，但同时却不知不觉地进入了另一种状态。

她专注地侧头听着记者抛出的问题，时不时停顿下来认真地思考。但更多的时候，这个在聊天聊得兴起时会手舞足蹈的姑娘，只是双手捧着她的柠檬茶，滔滔不绝地阐述自己的观点。

“我个人觉得设计与艺术的区别在于，艺术更多地追求一种形而上层面的东西。因此对于艺术而言，最重要的使命是以美的形式诠释美的理念。相对而言，设计更需要关注形而下层面的东西。因为设计的最终使命是回应生活所提出的不同诉求，使美的形式意义转化为美的现实存在。但是如今艺术与设计之间的边界也变得模糊了。”

朱芷璇意识到设计本身不只是将一种美学构想付诸实现那么简单。真正的设计是为生活的问题提供答案，这是一个将生活的万象尽可能纳入美学范畴予以考量的过程。

“我喜欢把这类问题放到具体的生活情境中进行。比如我印象最深的一项设计作品是一个公园。设计师不仅将自己的审美观融入作品，还把生活化的考量融入其中。他希望人们能在这个公园里放慢自己生活的节奏，体验到一种生活的真实触感。”

她坦言自己其实并不太喜欢追究理论性的东西。她只是动手去画，觉得怎么好就怎么画。她的直觉似乎也没有欺骗她。她的画作和设计都具有一种能打动人的温馨。

无数个在 8 号教学楼通宵画图的夜晚中，美学概念依托于她的设计回归生活。朱芷璇明白，再多美好也不能超出生活的本质。设计自生活出发，也将归于生活。

人　间

2018 年，四姑娘山景区，不见首尾的栈道上覆盖着厚厚白霜。

连绵的群山侧卧在栈道两旁。裹满冰霜积雪的茂密植被像步入暮年的动物毛发，爬满山野。白云缭绕出岫，与远处雪山交融。透过山间云雾的空隙，湛蓝天空清纯洁净，栈道下清可见底的河水潺潺流动。

远处白茫茫的云雾忽而流散，一座格外高耸的奇特山峰吸引了朱芷璇的注意。她停下步子，深呼吸调整自己的身体，望向那座山峰。

那山峰周身被冰雪覆盖，远看如同一位身着白衣的少女。在苍茫群山和高海拔终年不息的烈风中，这个身姿苗条的白衣少女，依然亭亭玉立、窈窕远望。

朱芷璇驻足欣赏许久，露出淡淡的笑容，仿佛老友重逢。她戴起连衣帽，忍耐着山风的冷冽与浑身的疲惫，继续迈步走去。厚重坚硬的鞋底踩在木制栈道上，压得栈道发出“嘎吱嘎吱”的声响。

因为太过劳累，已经有两个同来的朋友中途放弃了，返回了住宿的地方。此时，只剩她和另外一个男伴。她一步步走着。在她身后远处，身着白衣的“蜀山皇后”、四姑娘山主峰幺妹峰，宠辱不惊地眺望着远方云海。

朱芷璇很爱旅行。

她还记得日本地铁站里，那个虽然无法言语交流，但一直默默带领她到达目的地后鞠躬离开的路人女士；她还记得台湾小镇上，那个开朗豁达，贴心服务的司机大叔……

不久的将来，她计划前往敦煌，在壁画的原色褪尽之前，感受其中残存的最后一点历史沧桑；去贝加尔湖，体味“西伯利亚的蓝眼睛”眸底深藏着的自然风光。

在真正涉足设计领域之前，她的旅行多半只是旅游，只是为追求一些新奇的风景而四处漫游。

“就像每一个有想法的设计者一样，现在的我想在旅行中追寻更多，学会在旅途和生活中观察细枝末节。于我而言，在旅行中，风景只是一部分。旅途中的人文、风俗，都是我会汲取的营养。”

她在人间经历的所有，或许在将来的某一天，会幻化成一根根或规则、或散乱的线条，在朱芷璇的心中交汇、盘错。原本孤立无意义的它们，在整合与缠绕中生成了一个新的事物——那便是一件设计作品了。

编者后记

2018年5月13日，扬华研究生新闻中心人物组接受了举贤榜的推荐，决定采访朱芷璇。其实讲述朱芷璇的故事，并不仅仅是为了记录这一个人。我想探讨的是这样一个问题：在设计专业的学生眼中，设计到底是什么？

我没有答案。这种困惑让我感到不安。

于是我打开浏览器，逐条浏览了从古至今著名设计师的语录。我翻遍了百年来几乎所有设计巨作的百科词条，试图寻到现成的只字片语来解释我的困惑。就这样，我漫无目的地探索了一整晚，直到看到这个故事。

2013年10月10日，三星推出世界上第一部曲面屏手机Galaxy Round。

此前的很长一段时间里，手机的外观设计陷入瓶颈。然而当大家都进入审美疲劳的时候，三星推出了Galaxy Round。手机外观发展迈入了一个新的阶段。

在一次专访中，三星创意设计师Sunghoo Lee谈到，三星设计团队希望Galaxy Round中的弧形“具有感官诱惑”，因而在一开始，他们便试着在海浪和气流上找到答案。最终，他们将目光放在击剑运动中击中目标后出现自然弯曲的剑刃上。这也是其团队一直所希望的——从现实世界中找到“弯曲”的启迪。

正如接受采访时，朱芷璇谈到的那句话：“就像每一个有想法的设计者一样，现在的我想在旅行中追寻更多，学会在旅途和生活中观察细枝末节。”

“于我而言，在旅行中，风景只是一部分。旅途中的人文、风俗，都是我会汲取的营养。”

那个问题的答案，就在这个故事里，在这段旅程里，甚至早在你读到题目的那一刻，就已经讲完了。

人类所有的想象都是建立在对已知事物的组合之上。我们并不能想象出完全没有经历过的东西。就像竭尽我们的词汇，也无法让盲人想象出颜色的样子。

其实我们每个人，都是自身世界的镜像。我们读过的书、看过的电影，所有遇见的人和事，最终都会化入骨骼血肉间，成为自己生命中的一部分。

我们诞生于这个世界。

我们改造着这个世界。

我无数次试图用某位设计师的名言来回答那个问题，却总觉不够简洁准确。后来我自己想了句答案，还算合用：

大约设计师的理念总是相似——从人间领略美好，把美好带往人间。

扬华研究生新闻中心记者 于洋 林於明 王喆 报道//
王霞 摄影//于洋 王喆 编辑

陈怡翔

从一个女博士的世界路过

照片由被访者本人提供

这样美丽的皮囊没有美得千篇一律，这样有趣的灵魂也真正有趣得百里挑一。

作为一个女博士，她是把自己的人生活成了好多女生所梦想的样子。

陈怡翔说，在这个时代，任何一个对自己有要求的女性，都不会活得轻松，但这也是成长的必然经历。

她最希望的，是自己可以保持心灵上的纯真和精神上的不断生长。

正如科幻小说家阿瑟·克拉克说的“我从未长大，但我从未停止成长。”

那便是她最想要成为的自己。

笔者是采访交大的年度省级优秀毕业生才有幸结识她。在询问经管学院省优名单时，我听到办公室里的老师说：“对啊，陈怡翔肯定是省优。”

他们告诉我，这是个女博士。

然后我的脑海里就弹出了一个框，百度搜索“女博士”，结果显示——介于男人和女人之间的第三种生物。

添加她的微信，大片的蔚蓝天空下，穿着暖色毛衣的清瘦女生闭眼迎风，嘴角轻扬，长发飘拂，姿态写意，五官并不明显却可见其清秀轮廓。当时只觉眼前一亮，默念这头像选得还颇为清新动人，不像我印象中的女博士会用的风格。

结果打开她的朋友圈，惊讶地发现头像竟然正是本人。

传闻中的博士

真正见到她那天，她穿着轻松舒适，甚为低调简朴。但往人群中一站，还是非常亮眼。她笑意盈盈地向我打招呼，说学校北门外新开了一家餐厅，可以一起去尝尝。她的声音，带有一丝健康而元气的磁性，整个人也是格外放松的样子。

当天一起的还有她的两个朋友，都是博士。等菜时，大家说起成都的房价走势，陈怡翔在一张纸圈圈点点：“小曹，你说中国的房地产经济是不是存在泡沫？”他们兴奋地讨论了半天，等到肚子发出悲鸣，想起来问一句“老板，怎么还不上菜”，才发现陈怡翔在上面圈圈画画的那个是点菜单，所以是菜单还没有交出去，大家都笑得前仰后合。

这三个人聚在一起，侃天侃地，一顿饭吃下来，饭桌上的气氛就没有冷下来过。看着他们从中国的房价讨论到下地挖隧道的工作；从旅行青蛙讨论到各色餐馆的新出菜式。我的脑海中好像又多了一个对话框，搜索“博士”，弹出——“普通青年人”。

不过是常态

零号楼的办公室里，玻璃窗明明净净，可以俯视窗外的交大风光，白色桌子上整齐地堆着各种资料，一袋零食躺在那里。在被问到学术研究经历时，陈怡翔一时有点无从说起。

她一手撑着脑袋，一手在键盘上敲打，午后阳光沿着下巴勾勒出一个漂亮的形状。她双眼微垂，仿佛在思考，又仿佛不在意。“如果只是罗列学术成果，我觉得没有必要，我也不想这样。博士阶段，取得一些成果，这是一个必须要经历的过程，这种过程别人无法理解，对自己来说又是水到渠成。”

而实际上，后来我整理她的资料时，发现她所取得的成果是令人惊叹的。

在交大，陈怡翔就读于经济管理学院企业管理专业，博士研究方向是公司行为金融、公司治理和社会网络。目前已经发表的学术论文有四篇SCI、三篇A+、一篇A，已完成待发表三篇英文文章。作为国家自然科学基金项目“高管社会关系网络对公司财务决策的影响研究”的主要研究人员，由其本人编写的网络爬虫程序搜集整理了我国二千七百多家上市公司高管信息，并建立数据库“中国上市公司高管社会关系网络数据库”，共计六十余万条词条。

学校里，她曾获博士国家奖学金；工作方面，又有“校级优秀党员”“校级优秀干部”“校级优秀研究生”“第五届创新拔尖人才”等数个荣誉称号。

成绩的取得对任何人来说都不可能是随随便便的事，不难想象，她在这背后付出的心血和毅力。

对任何一位科研人员来说，三点一线、忙忙碌碌，是他们每天的生活不可缺少的部分，陈怡翔会把这称之为“常态”。个中点滴，其味自知。“大家都是这样的，这是本分。在截止期限之前你不通宵赶论文，那你还干什么？”

这不由让我想到了一本杂志上的话：“最喜欢拼命强调自己不易的人，

最可能是对自己的努力无效进行自我告慰的人。而真正走过荒山大漠风尘仆仆而来的人，却早已停止了对外界的申诉告求。”

陈怡翔显然是后一种人，她也显然不喜欢把刻苦这种标签往自己身上贴。她并非深居简出、不闻世事、埋头苦干的那种人，她言谈间的那种清醒的自我意识会让你觉得，她对自己要做的事情非常清楚，无疑是个不折不扣的行动派。

走上讲台一百次

从小到大，她都是这样的性子，对自己的要求颇高，有些完美主义的倾向。

陈怡翔在刚进大学的时候，还是一个和大多数女生一样胆怯内敛，讲话怯场的人。于是她给自己定下了“走上讲台一百次”的目标，只要有机会，你便能看见她积极举手的身影。这段经历让她后来在任何场合公开发言都能声音铿锵、收放自如。毕业了她曾考过公务员，当时笔试成绩不高，但面试结果出来后总分排名第二。

想到自己的过往，她淡淡地笑了一下道：“我还记得读大学时听到过别人背地里叫我花瓶。”

“为什么？你当时成绩不好吗？”

“不啊，我还是以第一名的成绩考进去的。但总有人会这样想。”

“那你会不会去反驳他们？”

“后来有一次全国大学生数学竞赛，我们整个院就我拿了奖。从此没人敢这样说我了。”

大多数时候，她对自己有着清醒的认知。这一点不仅体现在她对自己的短处不加掩饰的剖析，也体现在她不会为外界所随意转移的自信。

她会说：“有人这么说你，那你就要偏偏做给他们看。”

不能超出生活的本质

生活中的她，真正有很温暖的人间烟火味。和朋友相处时，她会轻言细语地照顾每个人的感受；她喜欢评判时事，思维敏捷但不会过分犀利；和朋友开玩笑，她也是活生生的抖段子小能手。

她拿出自己的真挚与活力和人相处着，就像一颗小小的发光体，温暖而明亮，也从不散发太过耀眼的光辉，有着她恰到好处的舒适和聪慧。

平和而热爱生活，她的思考方式和生活态度，更像一位哲学家。

“在读博士的时候，我其实没有完全把自己关在学术和工作里。我会去把自己抽离出来，想着思考清楚人生的困惑与意义。我思考得比较慢，但当自己觉得真正想通了的时候，那就是真的透彻了。我确实是一个渴望去发现真实的世界的人。包括读博，也是算是一种形式吧。”她的眸子凝聚起来，神情极为认真，又非常坦然。

她反倒向我提出了一个问题——

“你想啊，你这么努力地工作、学习，到底又是为了什么？”

我不禁一时语塞。

她的鼻头微微皱起来，目光正视着我说道：“说实话，这个问题，谁又说得清楚答案呢。我只是觉得，我们现在所追逐的所有，都是附着于生活而存在的，它不能超出生活的本质。生活中，最重要的是要有人的部分。”

陈怡翔捧着她的杯子，喝了一口水，顿了顿：“这个道理很简单。很多事情不能本末倒置。就像你想成功一样，你得先学会做人。有时候不是一个人的能力怎样，而是格局怎样，决定了他所能到达的高度。”

博士，是一群人的“狂欢”

谈及这一点，陈怡翔会用她最为推崇的马锋师兄举例。

马锋是经济管理学院的博士毕业生，也是交大最高荣誉“竢实扬华奖章”的得主，毕业以后留校任教，也是非常受学生欢迎的老师。“他不仅仅是能力强，更会做人。他的为人处世方方面面，是真的让人敬佩。”

当时旁边的一个正在做事的师兄一听到马锋的名字，也忍不住附和——“马锋师兄！的确啊。”

这位师兄叫曹阳，目前拿了全额奖学金即将公派到法国留学深造。

这时你会发现，博士，也并非独居生物。

陈怡翔身边像这样的“学霸”朋友不仅这两个，而是男男女女约十人，全部都是交大的博士生，几乎汇聚了交大经管学院的“风云人物”。大家来自五湖四海，有些是在读博时认识的，有些是早在硕士阶段就认识了的，这么多年下来，俨然已成为亲人一般的存在。

他们会一起在那几间18平方米的房间里讨论学习、吹牛聊天，一起过每一个家人不在身边的节日，一起为每个人庆祝生日，一起密谋帮着一个小伙伴求婚……大家相互温暖、共同成长，让陈怡翔真正觉得“博士的生活也可以精彩和有爱”。

你完全可以想象到，在交大校园里这样的一群年轻人，分享着自己最天马行空的思考，也吐槽着生活中最鸡毛蒜皮的小事；了解过生活的本质，也从未失去梦想的天真。聚在一起便如火，用青春裹挟着欢笑与泪水将崎岖的学术路的轰轰碾压过去。

正是她周围身处的这种环境，让陈怡翔完全不会把“让一些人闻之色变”的女博士这个名头放在眼里。有时她也会觉得，向别人解释自己为什么要读博士很费劲，因为她就没有把这个当成很难思考的问题。

陈怡翔的手指在桌子上随意地点动了两下，眼睛有神而明亮，她歪了歪头：“就像当初我和我闺蜜甚至没有讨论过要不要读博士的问题，可是第二年的时候我们就发现，我俩不约而同地都读博士了。”

她露出一排整齐的白齿，绽放出一个爽朗的笑容。

在路上

“身体和灵魂总要有一个在路上。”这句话虽然质朴，但是确是陈怡翔最爱的箴言。她喜欢把自己形容成一个奔跑中的人，对她来说，这个世界是如此广阔而多元，她想用永远的热情去探索好多个新鲜的自我。

她喜欢做瑜伽，在流淌的时光中缓缓地放松，一张一弛的姿态，像极了生命的呼吸。她也有健身的习惯，酣畅淋漓的汗水和跳动的神经，给她的身体注入了满溢的活力。当她的灵魂在路上时，身体也如影随形。

每次到了假期，陈怡翔是最坐不住的人。她的一些发小在国外工作或读书，她常常去找他们玩耍；有时也和闺蜜约上，轻装上阵，背上行囊，在一个国家碰头，去探寻这个世界的未知美丽。旅行也是她所追求的“生活的本质”之一，生活本身，就有无穷多乐趣。

女博士也要承受的压力

这样美丽的皮囊没有美得千篇一律，这样有趣的灵魂也真正有趣得百里挑一。她把自己的人生活成了好多女生所梦想的样子，却并非就不承受任何世俗的压力。

“什么时候博士论文才能发表？”“为什么还在上学？”“怎么不结婚？”“多久生孩子？”这样的声音也会萦绕于她的耳际。

陈怡翔身边也有好多和她一样的未婚女博士，这意味着在别人结婚生子混迹职场时，她们还在校园里面，用无数的论文去探索这个世界运行的规律和永恒的真理。无论你是谁，当你和大多数人走出不一样的轨迹时，你将势必会承受叛离的疼痛。更何况再优秀的女博士，也是普通女生。

她对此深有感触：“这个社会对女性的要求太高了，既要求女性知书达理充盈智慧，要自主独立；又要求女性相夫教子照顾家庭，要能伸能屈。这本身就是不公平的。”

“你是如何看待这个问题的？”

“女性总是会不那么自信，但是你要做的就是永远相信自己。不要着急否定自己。不要被世俗的期望所绑架而丧失了自我。”

“那你自己又是怎样去排解这种压力的呢？”

“我有时候也真的会觉得很累、很烦，这时候我就会听音乐，或者看书，尤其是哲学和心理学的。那里有一群足够聪慧又善于总结的智者，当你站在抵抗外界纷扰的防御线上摇摇欲坠举棋不定之时，他们最能‘砰’的一声甩给你一剂直达你内心深处指引你前进方向的良方，给予你坚守自我、抵抗外界的力量。”

那便是她最想要成为的自己。

扬华研究生新闻中心 记者 何梦琳 报道//于洋 编辑

6 热血运动：寻找生命最轻盈的状态

当生活的节奏越来越快，你是否常常感到身心的疲惫。
当你的灵魂飘向远方，你的身体又是否还紧紧跟在路上。
你有多久没有与自己的身体对话了？
在这个时代，运动是对最真实生活的热爱。
他们在阳光下飞扬神采，寻找生命最轻盈的状态。
运动，你一定要来。

罗川疆

在雪山上趟出一条路

照片由被访者本人提供

考古证明，人类是从大山走向平原的。

每一个热爱登山的人都有着自己对于登山特殊的感悟。西南交通大学土木工程学院 2016 级硕士研究生罗川疆知道，每次旅程都是一次历时不短的生命历险，他酷爱登山，用双脚丈量高山，在雪山上趟出一条路。

时间回到六年前，我们的故事从那时开始。罗川疆回忆道：

“高中我复读了一年，那时学习压力很大，只有偶尔在周末我才会买本杂志看。一次偶然的机会，我在角落里翻到了一册国家地理杂志。时至今日我都清楚地记得那一期的主题是天山，风景真的非常美，我被震撼到了。关于登山的一些想法，大概都是在那一刻萌芽的。”

我和峨眉有个约会

一个人总要走陌生的路，听陌生的歌，看陌生的风景。

高考一结束，罗川疆就迫不及待地前往他人生中第一座高山——峨眉。尽管前路充满未知，他却显得尤为兴奋：“那天我爬了 12 个小时，傍晚到了雷洞坪住下，人生第一次走这么久。第二天凌晨登上金顶，我顺利地看到了云海日出的美景。”第一次爬这么高的山，对于刚刚接触登山这项运动的罗川疆来说还是有些吃力。但当他看到朝阳浮出云海的时候，还是觉得这一切都是值得的。通过自己努力得到的一些美好，总是有着特殊的意义。

在 6 年时间里，他五登峨眉金顶，将前后山常规线路全部爬完，对峨眉的喜爱可见一斑。峨眉的风雷雨雪、春夏秋冬、日出云海、银河星空他都曾有幸遇见；苍松泼猴、幽径险道、林海雪原、高僧隐庙他也都曾探秘和拜访。而其中令他印象最深刻的，则是一次峨眉后山的徒步之旅。

峨眉后山是一片未被开发的原始森林，上山的山路是山民采药打猎的小路。当时刚刚下了一场雪，在登山旅途中，他和队友突然在雪地上发现了一串熊的脚印。事后证明当时整片森林只有他们两个人，看到脚印他们有些不安，当时就商量要不要回去。“我想着来都来了，熊都没看到，怎么能就这么回去，不过当时还是有点慌的，我们赶忙把手机里最 high 的歌放到最大音量给自己壮胆。”走了一段之后，他们看到那串脚印岔离了山路，蜿蜒地没入了灌木丛中，这让他们稍稍松了口气，之后就这样一路走到了万佛顶。万佛顶到金顶以前有一条火车线路以供观光，雅安地震之后就荒废了。他们小心地沿着被雪覆盖的铁轨前行，穿越林海雪原，走到了金顶。

当笔者问起为什么他如此钟爱峨眉山时，他答道：“峨眉山于我而言更像是启蒙老师，是我和户外最初结缘的山。后来尝试过更多雄奇险峻的雪山后，很多朋友都不屑于再爬峨眉山了。但我心里对峨眉有种特别的情愫，每过几个月总觉得还是要去看看。”

三个背包客

登山是一项需要团队协作的运动，罗川疆有他自己的队伍——“三峰孩子”。这三个爱疯爱玩的热血小伙只要一有时间就相约结伴登山。一起登山的时光里，他们陆续征服了牛背山、九峰山和四姑娘山大峰，一路上遇到了数不清的艰难险阻，却都在他们的相互扶持包容下一一克服。

说起这个团队，他这样描述道：“他们俩一个是我复读班的同学海哥，一个是我高中三年同学二麻。我们三个都非常合得来，他们俩更是一见如故。海哥是我们团队的顶梁柱，身高一米九，高大威猛，自身的能力和体力都非常强，户外经验丰富，是团队里的主心骨和老大哥。团队里有海哥和没海哥，我的心境是完全不一样的。”

说到海哥，他和笔者分享了一件令他印象深刻的事：“我们一起登九峰山的时候，海哥有一条腿在山脚下受伤了。他就这样拄着一根树棍，一条腿上山去的，真的是一个非常血性的汉子。和他在一起旅行会让人觉得特别安稳，他身上这份热血和激情也常常感染着我们。”

“二麻是一个技术控，既爱玩又会玩，粗中有细，比较细腻。他在团队中的定位是全能辅助。这个人非常以大局为重，人也很随和。”他顿了顿，笑着说道，“而我在团队中扮演的角色就是‘逗比’和摄影师了。我很感谢他们，没有他们就没有这些精彩的经历。我们三个都是非常看重兄弟情谊的人，一起经历过这些事，我们现在真的可以称得上是出生入死的好兄弟了。”

一直以来，罗川疆都对雪山都有一种特别的向往，安静孤独且充满着诱惑，近在咫尺却又触不可及。“当时刚刚考完研，还不知道结果，我就和他们说不管这次考没考上，我们三个一定要去一次雪山。”

一约既订，万山难阻

对神山和雪山又敬畏、又害怕，这是罗川疆当时的想法。“刚开始登山是没什么选择的，经过几次登山之后我就想着要尝试着登一次雪山，于是选择了海拔 5025 米的四姑娘山大峰当作自己的毕业旅行。”2016 年 6 月 8 日，“三峰孩子”登山队踏上了前往四姑娘山的征途。

“我们雇了一个向导和一匹用于驮包的马，由海子沟进山徒步至大本营。我的状态比较好，提前到了大本营把帐篷扎好，不久我的队友们也陆续赶到了。”然而就在吃晚饭的时候，二麻出现了高原反应，这是他们始料未及的。“其实他到营地时我就发觉他脸色不太好，不过当时没太注意。谁知到了晚上他就开始全身酸痛，头晕胃疼，什么也吃不下去，病情一下严重了起来。”

这个突如其来的状况多多少少让他有些紧张，他继续回忆道：“向导帮我们煮了一些姜汤喂给他喝。我和海哥商量了一下，都不愿让他一个人下山，要下去就一起下去。但二麻不愿拖累我们，说可以再观察一下。”

四姑娘山大峰营地海拔 4400 米，那天晚上非常冷，罗川疆失眠了，他很担心他的兄弟。临睡前向导看了看二麻，觉得病情不是太严重，这让他稍稍放心了些。“我们是第二天凌晨 3 点钟起床，当时二麻仍没有恢复，但也没有继续恶化。我们问他怎么办，他纠结了很久说算了，下次有机会再来。做出了这个艰难的决定后，二麻取下了他随身携带在手腕上的佛珠，交给了我们，拜托我们带着这串佛珠登顶，算他也来过。就这样，我们告别了二麻，背上必要的东西，带着二麻的佛珠，大约 4 点左右离开营地踏上了最后冲顶的道路。”

轻装出发，他们一路上状态特别好，一点也不觉得累。在向导的带领下，不知不觉就将一群群登山者甩在了身后。抬头望去，月亮缓缓下山，星空展现出了它最绚烂的一面；脚下，结成冰晶的雪也如钻石一般，在头灯的照耀下闪耀着迷离的光芒；再向前看，天际与冰雪之间有一条黑色的弧线，那是山峦的轮廓。他暗暗告诉自己，垭口快到了。

走到垭口的时候已经是凌晨 5 点钟了，天也渐渐明亮了起来，视野突然开阔，高耸入云的蜀山之后幺妹峰映入了他的眼帘。“幺妹峰海拔 6250 米，雄伟壮观，穿破垭口的白线，在朝阳的照耀下闪烁着金色的光芒。看到此景，我顿时像打了鸡血一般，三步并两步地向垭口冲去，一下子瘫坐在垭口的雪上，大口大口地喘着粗气。我们在此驻足了几分钟，才在向导的催促下不舍离去。这种美景，就应该和最爱的人分享，真想身边陪着的是最爱的人，但睁开双眼，是海哥。”

“其实在垭口就已经看得到大峰了，不过我们还是爬了很久才登顶。我们脚程很快，登顶时山顶完全没有人，只看得到皑皑积雪上自己留下的足迹。最后两百米我每走两步就得歇一步，爬到 5000 米以上，我的体力已经接近极限了。”

2016 年 6 月 10 号 6 点 38 分，罗川疆征服了他人生中第一座 5000 米以上高山。“景色虽然没有九峰山牛背山那么美，但是感觉非常好。和历尽险阻登上山顶的兴奋本身相比，风景真就是微不足道了。在天地大美面前，在巍巍雪山之上，人类都显得太过于渺小。虽然群山环绕，呼喊出去却听不到回声。飒飒寒风吹过，喝口水回头看来时的踪迹，在登顶路上是那么难以寻找。周围清楚地看到雪线分开一座座山顶和高山针叶林带，远处登山路上还有一个个小黑点，有的向上爬、有的下撤。缺氧的呼吸已经让他习惯，体力消耗下说话都听得不那么真切。这样的时候放空自己，会觉得自己像是不存在一般，渐渐和这座雪山融为一体。”

“这次登顶我把东西都放在了大本营，相机都没有带，就是想着纯粹去登山，去修炼自己的。登顶那一刻真的觉得大学四年值了，回忆就像幻灯片一般一幕幕从眼前闪过，从高考完直到现在。大学四年我一直都在做自己想做的事，有户外、有兄弟、有摄影，最后也考上了自己理想专业的研究生。这次旅行给自己大学时光画了一个圆满的句号，自己终于还是战胜了自己，功德圆满。”

山间的智慧

在采访的最后，罗川疆叮嘱笔者道：“有一个词你一定要提一下：禁语。”

“登山时，我喜欢一个人边走边想。对我来说，不停地走可以让心安静下来。给自己一段单独的时间，与自己对话，思考人生，这个方式解决了我很多的问题。在登山的路上，往往肩上的担子非常重，但是你不得不继续走。有时山间的雾气飘过来，影影绰绰，似乎这片山林间只有自己一个人。你会去想最近困惑你的一些事，前途、学习、感情，这个时候你的心是绝对静下来的。每次去峨眉我都会烧香拜一拜，和菩萨说一些话，倾诉一些这段时间自己经历的事，但往往这些问题在登山的路上我就已然想过想通了。”

其实每座山都有自己的故事、自己的灵魂，因而每一座山给人的感觉也是不同的。将灵魂与大山贴合，闭上双眼倾听山风的呢喃，人的思感无限蔓延。登山，是心灵的放逐，是自由的流浪，也是一个人自我反思的过程。其实，回归到旅行本身的意义，这一次次登山，收获的又岂止是美景呢？

最美的风景在路上

1923 年，在美国的一次讲演中，登山家马洛里回答一名记者问他为何攀登珠峰时，说出了那句名言，“Because it is there!（因为山就在那里）。”后来在攀登珠穆朗玛峰途中他和他的队友全部丧生，仿佛这就是他的宿命。

登山，是一段艰辛且孤独的过程，这项运动不存在任何投机取巧，坚持不放弃就能登顶看到你未曾看到过的风景。如果你不曾吃过苦，也就绝不会感受到幸福来得如此之甜蜜。也许离死亡越近就越能明白生命的意义，登山的本质，就是激发生命中最原始的本性，以生命失去的危险为代价，翻越你对生命价值的世界观。

“登山是一件很有意义的事，但是还是要有节制，户外是肯定会让人上瘾的，务必谨慎。从前听前辈讲的时候还不以为然，现在想想确实是这样的。登山过程中你会后悔，心里问自己为什么会来这个地方。不可避免地，你也会遇到各种各样突发的情况，淋雨、挨饿、筋疲力尽、高原反应，走过人迹罕至的山路，喝过混着泥土味的溪水，我们曾险些坠下悬崖，也曾看到熊的踪迹，每一次历险都像是在生死边缘起舞。但当你终于完成了这件事，过了两年翻着手机回忆起过往，真的觉得这一切都是值得的。”

登山之路中，他最看重的是这些可爱的人，和知心好友完成他们共同的梦想才是他前行最大的动力。笔者在他朋友圈里找到了这样一句话，大概是对他心境最好的诠释：已经在对的时间，来到对的地方，和对的人，做对的事，踏上这片热土，心中不再平静。

最美的风景在路上，和你在意的人相处的美好时光才是最为珍贵的。

每个人都会经过这个阶段，见到一座山，就想知道山后面是什么。但事实可能是，翻过山后，你会发现没什么特别。回望之下，可能会觉得这一边更好。现在的罗川疆对过去的努力问心无愧，对未来的旅途仍有可期。

“在登山之余，我曾环海南岛骑行一周，穿越了藏区八大神山之一的雅拉雪山，也跑了人生中第一次马拉松，心里就想着一路上不要停。也许今后工作很忙，但我还是不会放弃。我已经一年没有攀登雪山了，但我想我还是要去，在追梦的路上，人总要有些盼头。每登一座山，对我来说都好像是人生一个阶段的完成，不是去看美景，而是给自己定一个梦想，然后去完成它，这才是生命的意义。”

是啊，人生绝不仅仅是学术，活着不应只是为了那一张文凭、一份工作，更为重要的是要做一些自己想做的事。这世界上只有一种成功，那就是能够用自己喜欢的方式度过自己的一生。那些人和那些曾经的美好瞬间，是什么都比不了的。

扬华研究生新闻中心记者 于洋 报道//于之楠 编辑

雷杰宇

一个完美主义者的逆向生长

照片由被访者本人提供

“唐立新奖学金获得者、校研究生会副主席、校园大使团团长、研究生新年晚会主持人、交大有思公众号栏目‘男神志’主角，到底哪个才是最真实的你呢？”

“一个两百多斤的小胖子。”

之前的事

辽宁锦州，2009年，夏。

夜幕浓重，一切归于平静。高温褪去日间的活力与激情，转而深沉地烘烤着大地。路灯的光浸透了热量，在路面上泼下厚厚的树影。路的远处传来若隐若现的嗡嗡声。

声音越来越近，逐渐变得清晰可辨。在路的一头，一辆电动车从暗夜中浮现，车上是一位中年男人。他稳稳地把持着电动车的车头，让电动车缓缓行进，车子发出的均匀嗡嗡声打破了夜晚的静谧。中年男人不时回头看向车后，用鼓励的口吻催促着："快，继续坚持！"

电动车后，一个体型富态的小男孩正气喘吁吁地狂奔着。他的脸颊泛着充血带来的潮红。汗水顺着他已经凝成一股股的头发滴落下来，浸湿他的衣服，把衣服和他的身体黏合在一起。他顾不上湿衣服带来的不适感，张大嘴巴，紧闭着眼睛，只顾循着电动车的嗡嗡声向前追赶。

今天早些时候在学校偷偷吃的油炸串儿此刻正在他的胃里翻江倒海，与晚上吃的减肥餐激烈碰撞。然而前面父亲的催促让他不能有丝毫喘息，只好拖着一身汗水和一个沉重的胃卖力狂奔。

四川成都，2018年，春。

西南交通大学电气学院研究生雷杰宇坚决不觉得自己初中时每天被父亲骑着电动车赶着跑步的经历是自己健身之路的开端。当年为了不让体育成绩影响最后的中考，他的父母给他制定了严格的减肥计划。然而他对此始终采取消极配合的态度。

从出生开始，雷杰宇就比其他的新生儿重很多。到了初中，他已经在"小胖子"的队伍里安营扎寨、悠然自得了。外界的一切都无法让他的内心有一丝波澜。

他喜欢吃东西，从不运动，每一个举动的落点都是在让自己更舒服上。虽然有父母的督促，但是在备战中考的减肥行动中，他始终消极行事。中考结束以后，他长舒了一口气，这糟糕的一切终于结束了。

高中的时候，他做了一件很酷的事。

因为成绩不好，他逐渐感到自己在班级里变得边缘化。在很多人的眼里，大学的大门此时好像正在对雷杰宇慢慢关上。这是他的内心第一次感受到触动。“当时不是没有其他选择，但是感受到父母的焦虑与不安，我还是狠下心来，决定为自己，为自己的家人拼一把!”

从此，他每天开始 7 点起床，除了中午的午休，其余的时间他都在无休无止地看书学习。在这样的努力下，他的成绩有了明显的好转。

成绩上一时的收获没有放缓雷杰宇前进的步伐，却让他看到了再好一点的可能。他开始放弃了自己的社交娱乐，一门心思投入到学习中。后来，他的成绩排名从 700 名开外，突破到了 70 名。所有人面对着这样的进步幅度，都再也没有什么话说。

雷杰宇终于满足了，他觉得这样的自己很酷：用自己的行动向别人证明自己，让否定自己的人无话可说。与此同时他的体重突飞猛进，达到了 200 多斤的水平。而这也直接导致他后来做了一件更酷的事。

多一点，再多一点!

凌晨 1 点，空荡荡的健身房此时能够让任何细碎的声响无所遁形。

窗内明亮的灯光与窗外漆黑的夜幕界限分明，却都默契地固守着无声无息的晚间约定。金属器材冷冽的反光让空气中蒸腾的荷尔蒙冷却下来。只剩一股低沉有节奏的咚咚声还固执地在健身房里回响着。

雷杰宇紧紧地盯着跑步机的显示屏，观察着每一项参数的变化。耳机里冲出的音律驱赶着他周身的疲惫，将跑步机履带恼人的嗡嗡声隔绝开。他的腹中早已空空。此时，他能感受到毛孔中渗出的一滴滴汗珠在带走他身体里的热量，脂肪正在体内熊熊燃烧。他开始享受这个过程。

雷杰宇大二的时候，肥胖给他的健康带来了严重的损害。他的身体开始出现因营养过剩而导致的各种问题。同时，在感情方面，他也遇到了挫折。大学里更加广阔的生活边界和更丰富的活动让雷杰宇不得不去重新考量周遭的世界。他开始需要独立面对更多的问题，从不同的角度重新认知自己。这时，他开始意识到一个问题。

看着镜中的自己，雷杰宇紧紧地皱起了眉头。平日里旁人对他体形的调侃，此刻似乎抹去了温和，变得锐利，刮划着他的内心。有一股力量在不停地冲击着他，让他再也不能平静地与镜中的自己对视。

寒假回到家里，雷杰宇主动去了健身房。没有更多的健身方式，仅仅依靠每天跑步，他在两个月的时间里减了 7、8 斤体重。再次看镜中的自己，他明显看到了变化。赘肉都还在，但此时它们却都好像有了一股精气神。来自别人的“你瘦了”的只言片语，雷杰宇往往会咂摸半天，然后在里面寻出真心实意的味儿来。

就像高中时成绩上第一次的进步让他更加着魔地投入学习一样，他开始疯狂地健身节食。在学校的日子里，他除了学习，其余的时间全部一门心思投入到了健身中。依靠着长期的跑步与节食，雷杰宇第一次有了质的飞跃。他的体重降到了 158 斤，而这对于一个曾经 200 多斤的人来说，无疑是一次改头换面的变化。

旁人的赞美与惊叹开始让雷杰宇感到开心，而外形上的变化也让他开始更有自信。但他似乎从小就不是一个容易满足的人。进步，只会激起他追求更大进步的欲望。但凡能看到再变好的空间，他的本能会驱使着他加快脚步。

挣　脱！

商场的试衣间里，雷杰宇看着自己的双下巴和臃肿的大腿，再次皱起了眉头。

别人一切的夸奖，此时在镜子中都消散开去，他只清晰地看得到一个紧锁眉头的自己。“就这样了吗？”他暗暗在心中问自己。

雷杰宇开始了每天只吃早饭、坚持到晚上之后去健身房跑步或者踩单车的生活节奏。每天去健身房打卡成为一件雷打不动的事，有时即使是凌晨 1 点或 2 点，他依然会坚持去健身房。隐隐作痛的膝盖，一次次被磨破的脚，跑完步后如抽筋一般疼痛的小腿，这些都没有成为他前行的阻力。当汗水浸透衣服的那刹那，他自动屏蔽了一切，让脚步紧紧地跟上自己躁动不安的心。

体重的锐减让雷杰宇开始变得患得患失。他害怕自己的步伐太慢，还没有追赶上前方的目标一切就都烟消云散。他每天都会称量自己的体重。即使是到了考研最忙的时候，他依然会每天在九教四楼的走廊里站着看 1 个小时的政治科目，希望能用这 1 个小时的站立，弥补他失去的健身时间。

再次回到家，雷杰宇巨大的变化已经能够引起所有人的惊叹了。而他也从原先的营养过剩，变成了营养不良，出现了低血糖的症状。如果没有在海南旅游时浑身无力的症状出现，他不会去轻易尝试无氧运动。但长期的有氧运动对他的身体消耗太大，他只能克服自己内心的障碍，开始接触无氧健身。

无氧运动时雷杰宇只坚持练肩部和胸部的肌肉。为了避免其他部位肌肉的增长让体重反弹，他刻意回避了身体其余部位的锻炼。高强度的训练使得他不得不舍弃一些社交，将更多的时间用在健身上。

很多的时候，他都是独自一个人，在健身房里默默挥汗。金属片撞击发出清脆的声响，此起彼伏的呼气声让健身房中的热度不断攀升。他把自己圈禁在这方闹市中的孤岛上。外面的灯红酒绿、莺歌燕舞与此处的清静纯粹判若两个世界。

雷杰宇屈膝半蹲，看着墙面落地镜中的自己。他的眼中，看到的是一个截然不同的自己，只是此刻正被禁锢在一具臃肿的躯壳中，奋力向外挣扎。他紧盯镜中的映像，双手握紧杠铃，深吸一口气，低吼一声，杠铃离地而起，臃肿的躯壳应声脱落。

一切归零

西南交大的校园里，一队回校参观的老校友正在观赏着交大新建的校舍建筑。队伍的前面，校园大使举止得体地向校友们讲解着行至的每一处景色。

校园大使身形高挑，笔挺的西装一丝不苟，领带服帖地贴合在雪白的衬衣上。眼镜在他挺拔的鼻梁上透出些许学生气，瘦削的脸庞又让整个人充满了精气神。他修长的双腿迈着稳重的步子，始终与校友队伍保持着恰当的距离。配合着手势，他把每一个景点都清晰地讲解了出来。校友们频频点头，在校园大使的讲解下，仔细地观看着景色。

考量着在此处景点停留的时间差不多了，雷杰宇轻轻扶正眼镜，理一理领带，继续走在校友队伍的前面，带领着队伍向下一个景点走去。

再也没有人会调侃他的体形了。他成功地将体重维持在了140斤，而他的身高则在180 cm以上。无论从健康还是美观的角度，现在的状态都是最好的。雷杰宇终于满足了，面对着他模特般的身材，没有人再能说什么。

健身成功之后，他的人生就像开了挂：做学生工作、参加各种活动、主持各类晚会、获奖。他的生活开始大大地丰富起来，不需要再放弃社交娱乐，每天只面对色调单一的健身房。他收到了越来越多的赞美和褒扬，生活的五光十色塞满了他的每一天。此刻，他仿佛真的能够长舒一口气，终于摆脱了那些糟糕的一切。

今年寒假，回到家里，雷杰宇躺在床上。本应是更加充实的一颗心此时却是空落落的。“这一切，就这样了吗？不知不觉坚持了4年的时间，难道不是为了今天这一刻吗？”他反复地问着自己。

他向所有的人都证明了自己，没有人再能从他的身上挑出任何的毛病，再没有人能够指摘他的缺点。学习成绩、体育运动、身形外貌，他都已补足短板，让人无可指摘。

可是，为什么此时的内心却是如此慌乱呢？他隐隐觉得，还是有一个人在始终牢牢地盯着自己，让自己的每一分懈怠都原形毕露。在那个人的面前，好成绩、好外形、好谈吐都无法掩饰自己内心深处的任何一点鄙陋。

雷杰宇离开床，来到镜子前，看着镜中的那个映像。他看到那个映像逐渐缩短、变宽，变成了一个小胖子。小胖子的头发被汗水凝成了数股，浸透汗水的衣服粘在他的身上。他脸颊泛红，大口地喘着粗气，就像刚刚从一次酣畅淋漓的奔跑中努力平静下来。

走过了那么多，原来最难过的，却是自己这一关。与镜中的那个映像对视，一切都像回到了原点。体重秤上那些跳动的数字，此刻急速闪烁，最终，一切都停顿在了“0”。

再也闭不上眼

雷杰宇终于抿了一口面前的饮料。

面对着记者，他回顾了从小时候被父亲骑着电动车带着跑步，到高中时全心学习体重猛涨，再到上了大学以后疯狂健身减肥的历程。

“减肥成功之后，有一段时间，我开始自我满足，在健身方面就放松了。这是我不能原谅自己的一点。那段时间，我过得特别张扬，既没有坚持，也做不到‘敞亮’。”

“你觉得怎样才算活的‘敞亮’呢？”记者问道。

“一直坚持，活成自己真正想要的样子，让自己有一个很好的生活状态。用平和的心态，去享受过程，而不是顶着很强的胜负欲，唯结果是从。我是一个重度完美主义者，不做则已，只要开始做什么事，就一定要做到最好，不会轻易满足。现在我更多地会要求自己做事一定要做圆满。这样，我才会感到生活有意义，也才能说服自己，向自己证明自己。总而言之就是，要对得起自己。”

现在的雷杰宇，开始关注网络上的健身博主，认识更多的健身朋友，向他们学习科学合理的健身方法。他不会再对自己的体重数字额外关注，相反会适当补充营养，注意膳食平衡。

每周他都会有至少 5 次的健身，不论多忙都会坚持。他在健身房的训练项目也大大丰富了。胸、肩、背、腿、手臂，都会注重锻炼。并且他开始更多地去学习塑形的相关知识，将增肌与减脂结合在一起，有氧和无氧运动合理分配。

“健身的路，我才刚刚走了一半，以后，我会继续走下去。现在我更注重良好的体态和力量训练，之后的目标可能会随着发展变化。但不变的是，现在，我真的是在把健身当作事业去做，保持一种健康的生活方式，让自己有一股精气神。”

采访的间隙，雷杰宇订好了去北京的机票。他马上要代表学校，去北京进行周总理诞辰 120 周年画展讲解工作。

跟在电动车后面闭眼狂奔的小胖子，慢慢睁开自己的眼睛。汗水从他的睫毛上滴落，模糊了他的视线，但却马上被风干。他看见前面父亲期许的目光，看到宽阔的马路。他的肌肉渐渐适应了运动的刺激，释放出更多的能量。他不再那么难受，相反却被前面暗夜里未知的远方吸引着。在这一刻，他再也不想闭上他的眼睛了，眼皮下的一寸天地再也囿不了他的内心，他甩开双手，加快了自己的步伐。

“我经常会憧憬自己的远方，这是我现在不断前进的动力。虽说不知道自己还能任性多久，但还是决定就这么走下去。”

扬华研究生新闻中心记者 王喆 报道//于洋 编辑

王 喆

勇敢的心

今天是 2018 年 4 月份的一天，天空中细雨绵绵，灰色的苍穹延伸至远处翻滚涌动的云波。王喆站在寝室阳台，一只手刷着牙，目光被远方吸引。300 米外，运动场中旌旗飘摇，热闹的人群的欢呼一阵一阵地通过空气传导，最终还是在他耳边挠了个痒痒。学校又在开运动会了。

整理好发型，他拎起背包，随手带上门，向图书馆走去。

王喆今年快 23 岁了，是西南交通大学信息科学与技术学院的研究生。他还加入了扬华研究生新闻中心，专门采访交大的各色优秀人物。白天上课、进实验室、泡图书馆，晚上有时跑跑步、改改稿件，他有时会感觉生活就像一个巨大的齿轮，推挤着所有人，拥拥攘攘地前进着。

他自己也没曾想到长大就是这么快的事，那个不成熟的小孩子仿佛还会时不时出现，在他眼前围着他跑着，朝着他做鬼脸。他伸出手想去摸摸那个孩子的头顶，手却落空了，缓缓睁开眼睛，发现原来自己趴在书桌上睡着了。

“嗡”，手机震动，他从裤袋里摸出手机，是人物组编辑发来的微信。

“经过这两天的打磨修改，文章的意思终于榨出来了，你看下我标注的修改和批注。”

“真的写得很好，果然是文艺青年啊。”

王喆看着手机屏幕，泛黄的灯下，书桌上摊开着些许雪白的书页，四周的黑夜安详静谧，思绪已然翩飞到远方。书架上的空手道腰带不经意间落入眼中，他兀自对它作势挥了几拳，而后振动的空气再次归于的沉静。他的侧脸落入黑暗的剪影之中，不自觉地喃喃道：“文艺青年吗……”

Burning

他还记得自己小时候和大多数孩子不一样的梦想，虽然现在想起来自己都想笑。

会成为格斗专家吗？会成为电影明星吗？会戴个墨镜、穿着工字背心，一出手就是几个凌厉腿法直击对手防御要害吗？躁动的青春期，美式摔角（WWE）开始在学校里面的一些男孩子们中流行。那时的王喆就特别喜欢往这些人堆里钻，一口一个哥们儿，上蹿下跳，故意摆几个威风姿势。

从成绩上来说他也算个好学生，学习也一直很努力，但他总觉得什么在压抑着他，他不想当那种“普通的学生”。

再后来他迷上了篮球，日思夜想，按捺不到下课铃声的最后一秒。“当时不知道哪里来的那么多精力，天天中午不睡，一天可以只吃一顿饭，就是在打篮球。”他把他所有旺盛的精力和澎湃的热情全部投入到了篮球里，如同一匹蒙住了眼的野马挣脱了缰绳，直冲冲地从马群往辽阔的荒原撞去。

成绩越下降，人越发颓废，他就不停地打不停地打，打到双手发红，像是要把内心的躁动不安全部发泄干净。

母亲听闻他情况不好，来学校看望他，却没等到下课就走了。王喆回寝室时才发现了一张纸条，纸张皱巴而粗糙，一看就是和别人要来的，上面写着：“儿子，时间仓促，这是我趴在你们宿舍外面的垃圾桶上给你写的一封信……” 见字如面，略微歪扭的字一个一个排在上面，映入眼帘，少年的手有些颤抖。他觉得眼中有什么东西滚烫滚烫的，控制不住，一直挤着挤着往外涌。

Keep moving

绝地反击的高考以后，王喆只身赴成都求学。

人是长大了，但他内心躁动不安的那股火，就像流淌在他血液里的因子，始终没有浇下去。在大学里他接触到了空手道，像偶然，又像冥冥之中命运的安排。

身为小众竞技体育的空手道，保留了一种古朴的文化风范，最强调的是师承。它起源于日本，门类众多，支系庞大，但是所有进入空手道学习的人，都是可以沿着师承族谱一代一代找到自己的宗源的。王喆先是参加的交大的空手道协会，一周两次的练习虽只算社团活动，但他格外刻苦认真。后来师从朱先鹏老师，归属刚柔流，这才算入了门。

在很长的一段时间里，他的状态都是懵的：“就像一个很不真实的东西突然进入了你的生活，你不能搞懂这是个什么。”力量在不断增强，拳法腿法也日臻纯熟，但他觉得自己没有办法把训练的东西真正发挥出来。

“空手道的升带形式是对抗，和对手进行格斗，受到裁判的认可才可以升到更高的段位。但是对抗的前提是什么？是愤怒。”王喆摇了摇头，眉头紧蹙着说，“没有愤怒，怎么去开始？”

“先开始我很害怕，因为对着沙包和对着人，完全是两个感觉。所以我会反复告诉自己，这是一件严肃的事，这无关伤害。”他的神情沉静下来，“后来我觉得我开始有一点懂了。”

Not afraid

王喆还记得升蓝带那天。

天空阴沉沉的，只有几束阳光刺破层云，照亮古色古香的道场中悬浮的尘埃。地板上铺着严整的方垫，德高望重的师父们盘腿坐在前面，身着正装的教练员神情严肃地坐在侧边。一轮轮格斗，双方学员缠斗在一起，猛烈的击打与急促的呼吸冲撞着道场内凝滞的空气。

轮到他时，一个橙带段位的人指向王喆，用很轻蔑的语气说：“我和他打吧。”这是王喆第一次在与人对抗之前感受到了愤怒。虽然对方比他高一个段位，但他没有多说话，立刻出列了。这时，朱先鹏教练走上了赛场，他来主持裁定。

王喆的大脑迟滞了几秒钟，看着教练的眼睛，刚刚升腾的怒气突然全部降了下来。他的脑海里迅速闪过平时训练时朱教练的话：“你拳好，要发挥你的优势。出拳要快，顶上去打，冲破对手的防御圈，不要给他跑掉的机会。”王喆冷静下来，僵硬的躯体缓缓舒展，愤怒消散，意识开始清醒和敏感。“没错，愤怒只能开始一场斗殴，绝不能开始一场格斗。”

他开始把注意力放在自己的拳上。左手护头，右手打，右手护头，左手打，迅速贴近，疯狂换手，如一只斗牛犬狠狠地撕咬住对手。要快！要快！对手反攻上来了，他马上一个前踢，阻住对手的攻势，随即退几步保持距离与对手对峙。一捕捉到战机，他立刻又当面顶刺上去。然后和对手缠斗在了一起，开始拼拳。

他的大脑飞速转动着：“不能退！这个时候谁退谁输，退一步就一败涂地！”对手的双拳重重地落在他的眉骨、双颊，王喆咬紧牙关，咬得牙龈生疼。左下、右下、左上、右上，王喆疯狂落拳，瞬间的力量爆发到极值。

“停！”朱先鹏教练大喝一声，将王喆和对手分开。随即，对手被带离了赛场。

王喆愣愣地站在那里，努力将被击打得散乱的眼神重新聚焦。他看到人群外自己的对手仰着头，教练员用纸巾擦着他鼻子里流下来的血，冲着赛场里的裁判摆摆手。王喆摸摸自己的鼻子，没有血。结束了，他赢了。

他觉得自己忽然理解那个东西了。原来只要意识足够敏捷，就不会感到恐惧。最重要的不是身体，而是用战略和思考去指挥身体。华莱士说：“先学会用脑，再学会用剑。”格斗不是肉搏，更在于头脑，如果思维跟不上，练得再强，终究也不过是内心的矮子。

一口长长的气呼出，十分顺畅，他强烈地感觉到，一直在体内横冲乱撞的这股力量，现在被自己掌控起来了。收则收，放则放，自我主宰的意志，终于从思维延伸到了躯体上。

To be brave

他一直是个很勇敢的人吗？或许并不是的。

当你被丢在东非大草原的狂风中你会感到恐惧吗？当你从摩天大楼的顶层蹦极时你会感到恐惧吗？我们每个人都小心翼翼地为自己划定了安全的范围，一旦脱离，恐惧就会深深攫住颤抖的心。当第一次有拳头甩到他眼前五厘米的距离时他恐惧，当第一次被逼到角落堵死了出路时他恐惧——

但当他内心足够强大时，他将不再害怕任何事情。这是空手道教会他的东西。

“我一直很喜欢阅读，但是从前的我生涩、保守，怎么也不会想到自己能成为与别人侃侃而谈的人物记者。从前的我试图挣脱、反抗，总是觉得有什么束缚着我，但现在的勇敢不是无知的叛逆，而是在我心中这种束缚根本就不存在了。”

“现在的我，会全力拥抱新的东西，没有害怕和恐惧。”

白昼的嘈杂与明亮渐渐退去，晚风徐来，余霞千里，天空盛放如同沉醉的红色花朵。操场上打篮球的男孩子们感受着清风拂过球衣的舒爽，商业街区人头攒动着，校园里的路灯和图书馆的灯光渐渐亮起，下课的学生三三两两，结伴而行。

王喆站在寝室的窗前看着学校里的人群，日落后寒意有些飘浮在空气中了，他饮了一口手中的温水。

这个世界上，成长的故事每天在每个角落都轮番上映着。王喆知道，在生命中的每分每秒，他或许只是一个普通人，但是他从不放弃对精神丰富的追求和对自我价值的找寻。

我们或许都是这滚滚红尘中的一粒平凡沙子。但你相信吗，这个年轻人，他有一颗勇敢的心。

扬华研究生新闻中心记者 何梦琳 报道//赵航 摄影//于洋 姚月 编辑

谢雨轩

亲爱的篮球

你喜欢篮球吗？

对于无数“90 后”的孩子而言，《灌篮高手》这部动画可以说是贯穿了他们的童年生涯。晴天、微风、墙外偶尔的车辆、墙内不知名的花朵、运球奔跑时滑落脸颊的热汗、庆祝进球时按捺不住的怒吼，这一切悉数以同样的频率交织在一起，慢慢地在岁月里沉淀成了最美好的画面。

谢雨轩，西南交通大学电气工程学院研究生。篮球陪伴着他，走过了十四年浑身热血的滚烫青春。

第一颗进球

“儿子，你过来玩一下。”夏日的夜晚，暑气未消，灯火通明的球场内，父亲手握篮球，远远地同坐在板凳上的孩子招手。身形小小的男孩走上前开心地抱住了篮球，轻轻拍打。篮球轻盈地在地板上跳跃。这是谢雨轩同这项运动第一次真实地接触。

“父亲办了篮球训练营。我小时候特别喜欢跟着他去球场，看他们训练。那个时候就是学习简单地运球，再加上看叔叔们打比赛。”

空荡荡的球场，小小的男孩手捧篮球，眼神专注，凝视那样高大的篮框。深呼一口气，他踮起脚尖，聚起力气，将手中篮球抛出一道完美弧线。

“砰”。

篮球入网，发出一声美妙的声音。5 岁的谢雨轩顺利地投入人生中了第一颗球。或许正是在那一刻，就注定了他同这项运动的羁绊。自此以后，在父亲的引导下，男孩的球技不断精进，在球场上也愈发勇往直前。

最后一刻之前放弃，就等于比赛提前结束

“印象最深的一次比赛经历是大学刚入学那年的院系赛。对战的学院曾经在小组赛中战胜了我们，而那场比赛我也只拿到了两分，所以当时心情还是很紧张的。”

能容纳三千人的体育馆，座无虚席。同学们对究竟哪个学院能一举夺冠议论热烈。谢雨轩凝神望向坐在观众席上的同学们，这是他第一次参加规模这么大的篮球赛。垂眸喝了口水，他同伙伴们一起鼓劲加油后走上了球场。

比赛从一开始，对方学院一直以微弱的分差领先着自己的队伍，双方比分一直紧咬。当比赛进行到第三节时，谢雨轩发现自己屡次进攻却无果，整只队伍陷入了有心无力的状态，不由得十分焦灼，失误频出。对方学院趁此时机将比分一下超出 10 分之多。进攻受阻的队长不得不扬手请求暂停，下场调整战术。

“我的性格有些不服输。之前我们已经在比赛中失利于对方，这次很希

望赢得胜利。”即使自己曾被击败，谢雨轩争取胜利的念头仍是源源不断地涌上心头。

暂停间隙调整了全队战术，体力得到些许恢复的他，组织球队队员们开始了一波接一波的反攻。他们抢断、抢板、盖帽、传球，不断进行战术配合，将比分不断缩小。“在打球的过程中心态是个很重要的因素，当看着记分牌上的数字差越来越小的时候，内心的雀跃就会让自己出手越来越准。”

当比分即将被追平时，队友稳稳地将球投入了谢雨轩的手中。他弯下腰，篮球在他手下前后左右不停拍着。他的意念从未如此凝聚。时间仿佛在他运球间停滞。稳了稳呼吸，捕捉到一息而逝的破绽，他加快了步伐，一会向左突破，一会向右变向，矮身冲过两层防线，顺利来到篮下，一个虎跳，转身投篮。篮球在空中划出了一条漂亮的弧线后，不偏不倚地落入筐中，成功反超！

落后的局面刹那间被扭转，观众席上爆发出一阵惊叹声，全队上下顿时振奋了士气，开始了下一波快攻。最终，谢雨轩所在球队以 63：56 的比分赢得了这场比赛的胜利。

总有一个人要赢的，那为什么不能是我

“经历了本科时球队训练的经历，老实说，我对自己的球技还是很有自信的。来到交大读研后，我第一时间毫不犹豫地申请加入院队。”

数年的比赛经历，让谢雨轩对自己的球技有些自得，却没想到，刚加入电气院队的第一天，教练便让自己做替补队员。“那时因为打比赛崴了脚，所以教练直接让我做替补队员，我心里有很强的挫败感。”从小不服输的性格让谢雨轩十分想摆脱坐在球场边看别人打球的命运，他重新审视自己的能力，想让自己早日成为球队的首发队员。

“那段时间自己训练十分刻苦。首发的机会很是难得，而自己又不想放弃，只有不断提升自己的球技，才能够服众。”

一周两次的球队训练，自身日常的练习打磨，投篮、抢板、盖帽，他的球技日趋精细，并最终获得了教练的肯定，争取到了院系赛的首发名额。

“首发名额在我心中十分重要，既然拿到了就必须全力以赴。”紧张的

赛程让谢雨轩一丝一毫都不敢懈怠。小组赛、半决赛，他将平时的所学悉数贯穿至比赛中，和队友们一起一路过关斩将，冲击到了总决赛。

不同于本科院系赛时打球的紧张与磕绊，经过几年的磨砺，谢雨轩的球风愈发稳健。随着主裁一声哨响，他的神情专注起来，将全身的精力放在了球场上。

比赛中，面对着对手铜墙铁壁般的防守，他接过队友的传球，带着球在场上左左右右地奔跑，时而持球，时而运球，矮身避开对方的防守区，直逼篮下。谢雨轩轻盈跃起，在空中倏地硬生生一挺，如踩实地。他调整好自己出手的角度和高度，猛一推动掌心。篮球离开指尖，带着他及队友的目光朝着篮网一头扎了过去。

“砰！”

篮球磕在了篮板与篮筐的交接处，顺着网窝扎了进去。

他全力以赴积极拼抢的状态带动了整只队伍，电气队整场比赛势如破竹，越打越顺。到了第四节时，电气队已经完全掌控了比赛，并最终以 74：40 的大比分领先土木队，赢得院系赛的冠军。在这场球赛中表现突出的他也获得了“西南交通大学第二届研究生院系篮球赛 MVP”的称号。

再见，科比

“我喜欢科比已经有十年了。接触篮球的时候，看了很多场比赛，也因此认识了这个小飞侠。”

“喜欢科比的原因是什么呢？”

“你知道曼巴精神吗？黑曼巴是一种非洲毒蛇，攻击性强，灵活性好。科比有个绰号叫‘黑曼巴’，我觉得在他的身上我学会了永不言弃、受了伤也不能后退的精神。”

“回顾这段职业生涯，伤病一直光顾着他，跟腱撕裂、肩关节脱臼……但是这些都不曾把他击倒。他一次又一次地爬起，敢闯敢拼。此外，不得不说他承受了很大的舆论压力。当他经历了比赛落败等人生低谷时，他始终没有后退半步，坦然面对着眼前的生活。”

“那科比的这一切有影响到你吗？”

“影响，嗯。”谢雨轩思索了一会儿，说道，“我特别喜欢他说的一句话‘总有一个人要赢的，那为什么不能是我！’，这让我在球场上有很强的不服输精神。本科时我的球风是很突进的，只是现在考虑到身体的因素放缓了一些。”

2016年4月14号，这一天对谢雨轩而言是一个非常难忘的日子。

“那时候自己正在备战考研，但是之前在网络上听到了消息，说科比准备退役，而湖人对战爵士这一场，将是他职业生涯的最后一场比赛。”

4月14日当天，谢雨轩邀上了球队的成员，大家三三两两地坐在书桌前，蹙眉紧盯着屏幕。随着熟悉的身影再次出现在视野中，大家不由得屏住了呼吸，关注着他的一举一动。运球、过人、投篮，科比的一举一动无不牵动着他们的心。

“那场比赛科比拿到了60分，50投22中，这个数字是很是惊人。”

“我清楚地记得，科比在比完赛后对球迷们所说的话。‘And what can I say? Mamba out.’那一瞬间我的心中空荡荡的，好像失去了什么东西。直到现在，我在刷网页时，看到科比的名字还是会下意识地点进去，闲暇时还是会去看他昔日比赛的视频。”

“就好像他还在球场上拼搏一样。”谢雨轩沉思许久，说道。

无兄弟，不篮球

篮球考验的是团队合作意识，在比赛中，需要全身心地信任自己的队友，场上是队友，场下是兄弟。

“我很相信一句话，‘无兄弟，不篮球’，我的很多朋友都是在打比赛时认识的。很多时候，通过一场球赛，就能认识很多朋友。初中比赛时认识的朋友我们现在还有联系，每年假期回去都会约上一起打。”

这种自然而然的认识方式，在谢雨轩看来尤为舒服。结缘于篮球，深交于篮球，或许对他而言，这是极为独特的交友方式。

对每个热爱篮球的人而言，伤痛在所难免。在打球的过程中，谢雨轩也曾因为受伤不得不躺在病床上一个多月。但每当痊愈后，他总是选择继续活力四射地出现在球场上，和手中这枚小小的篮球一起，发光发热。

“也是因为怕再受伤了，现在打球我的风格已经平缓了许多，知道了量力而行。我想这也是打篮球带给我的收获吧，让我处事不再冒进。”

“如果将时钟拨转回十四年前，你会对自己说些什么呢？还会坚定地把篮球作为自己的爱好吗？”

“如果回到十四年前，我一定会对那个男孩说，珍惜好你面前的这颗球，好好打，你永远不会后悔。”

夏日的夜晚，暑气突然之间被一阵凉风吹散。体育馆里的白炽灯晃的人一下子睁不开眼睛。男孩站在篮筐下，双手捧着手中的球，眼神明亮地看向自己的父亲，说道：“爸爸，我想打篮球。”

扬华研究生新闻中心记者 姚月 报道//曹奉鄂 摄影//于洋 冯志华 编辑

张　琪

行者有“毒”

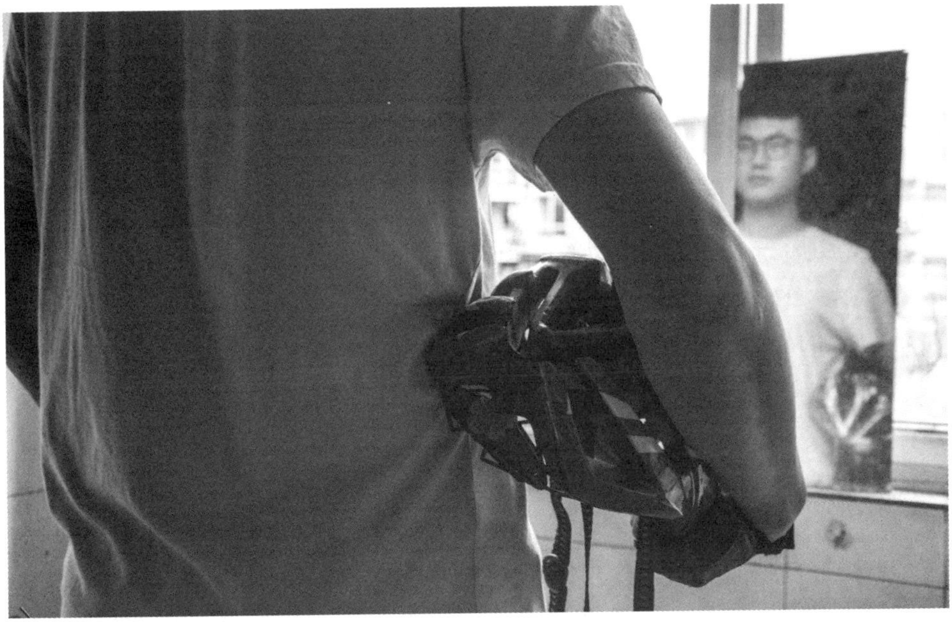

16 天，1600 千米。本科毕业那年，他从山东青岛骑车回甘肃老家。

张琪，甘肃天水人，西南交通大学土木工程学院 2016 级硕士研究生，一个热爱骑行的人。一人、一车、一背包，徜徉于浩瀚天地，走过未知的道路，探寻未知的风景，倾听未知的故事。于他来讲，唯美景与骑行不可辜负。

“毒”

“我是一个很‘毒’的人。”

张琪很“毒”这件事要从他小时候说起。14 岁那年，他骑自行车把胳膊摔断了，却若无其事地和小伙伴玩了一个下午。晚上回到家，父亲看见他变形的胳膊惊讶道：“你这孩子怎么这么‘毒’啊！”于是赶紧带着他去医院把胳膊接上了。

“毒”，在天水方言里是很能忍的意思。他的确也和同龄的孩子不同，受了重伤却不哭不闹。父亲常教导他遇到困难不要怕。张琪的“毒”和他父亲的不怕困难正是一脉相承的。他骨子里的“毒”，从那时就有了体现。

回忆起儿时的过往，张琪挑了挑眉，笑着说道：“我那时候小，完全没概念，光想着玩去了，好像也没觉得有多疼。我对疼痛的忍耐程度挺高的。”

在后来的骑行之路上，他将自己的有“毒”精神继续发扬光大。只要是他想去的地方，不管多困难他都不怕，因为困难的难终究敌不过张琪的“毒”。

赌

张琪是家里的独生子，在青岛上大学。大二开学前，他脑子里突然冒出了骑行的念头。他将这个想法告诉了父母，然而却遭到了父母的反对。

母亲急得掉下了眼泪，担心他一个人在外面骑车不安全。而平时总是鼓励他“想干什么就去干、遇到困难不要怕”的父亲，这时也不支持他，叫他不要莽撞，说骑行会遇到很多困难，劝他不要去。父母的不理解，让张琪觉得非常气闷。面对父母的规劝他没有说话，只是在心里默默憋着一口气。

开学后，在学校没有了父母的管束，张琪开始着手自己的买车计划。那时他同时做了两份兼职，打了一学期工，终于攒足三千多块钱，买到了向往已久的捷安特 ATX690-D 山地自行车和装备。打工的日子格外辛苦，可是张琪心里装满了骑行的愿望，忙碌疲惫也不是那么在意了。这也是他父亲说他“毒”的又一表现。做好了前期准备之后，他的骑行之旅由此开始。

第一次骑上新车，张琪心里除了感到兴奋，更多的是顾虑。

那个时候骑行不是很普遍，周围人对他的这种行为是不理解的。他室友觉得不就是玩玩，买那么贵的自行车干什么，说他乱花钱，是“败家子”。张琪低头沉思说道：“那时我性格不是现在这样的，是个内向而又敏感的人。我很在意别人对我的看法。当时没有人理解我。”他无奈地摇摇头，继续说道，“所以我第一次骑上去的时候是有点害怕的，害怕别人用怪异的眼光看我，害怕别人觉得我是神经病。”

尽管得不到周围人的支持，张琪还是决定迈过心里那道坎，去做自己想做的事情。

海尔大道是学校到海边的必经之路，那条路起伏较大。为了锻炼自己的体能，张琪一有空就骑着车沿着这条路去海边。那时他喜欢一个人静静地坐在海边沙滩上。看着一望无际的大海，他的心胸也跟着开阔起来，心中的烦躁与不安一扫而空，渐渐变得柔和平静。

再后来他遇见和他一样热爱骑行的老乡，从此一人行就变成两人行。骑的时间长了，他认识了很多与他有相同爱好的人，常常相约一起出游。但和同伴一起的只是短途游，长途游时他常常一个人背包前行。

独

大四那年，张琪一个人从青岛出发骑到了天津。

临近天津的时候，有一段路很窄，路上很多大货车，与大货车擦肩而过时，他被挤到了公路外面。回主路时他想耍帅，便提了下车头，不巧自行车的前胎被刺破了。

那时他只剩下两块补胎片了。原以为只烂了一个洞，他把其中一片剪成两半，结果补了后怎么也打不上气。接着他把另一半又剪成两片，结果补上后发现仍是打不上。于是，他仔细检查，发现居然烂了七个洞，而此时他只剩下一又四分之一的补胎片。他想了想，决定用剪刀把这些补胎片剪成很小的块，把胎勉强补上并打上了气。

由于补胎片被分得实在太小，骑了一段后他的自行车又出现了漏气的情况。他就这样凭着骨子里的“毒”气一路坚持到了天津，终于找到修车的地方买了补胎片，自己把胎补好。

从天津返程回青岛时，天津火车站的奇遇记，张琪至今难以忘怀。

那时火车站施行了新规定，自行车禁止入内。迫于无奈，他打算把自行车拆了放车包里。这时一个头发花白的老爷爷过来问他：“孩子，怎么啦？”张琪就跟他说明了自己的情况。老爷爷说：“我帮你看着自行车，你去看能不能托运。”

结果他到了托运那里却发现没开门。往回走的时候，老爷爷居然扛着自行车走过来了。得知不能托运后，老爷爷问他：“你是几点的火车？”

“凌晨四点。”

“你跟着我去我家吧，我家就在这附近。”

骑了一天车，又遇上麻烦的他，想也没想毫无防备地跟着老爷爷走了。到家后，老爷爷给他煮了面，还切了一个西瓜，让他洗澡并休息了一个晚上。第二天早上张琪走的时候跟老爷爷说：“叔，感谢你照顾我这么多，自行车就留给你了，你有空的话就寄给我，没有的话就留给你了。”

没想到回青岛一个星期后，张琪收到了老爷爷寄来的车。“我实在太感动了，如今想起这件事情依然觉得很梦幻。我现在还记得他们家的位置。下次去天津我要去看他。”

睹

天津之行结束，张琪自觉“毒”气旺盛。本科毕业后，他决定从青岛骑车回甘肃老家。

那一路有 1600 多千米，他一个人每天骑 100 多千米，共骑了 16 天。那 16 天里，有时候他觉得无聊了就会自己跟自己说话或者跟手机云助手说话。

在独自骑行的路上，张琪收获了很多。虽然有时候一个人会很孤独，但他很享受这种感觉。他觉得一个人的时候多了很多思考的时间。尽管出了问题只能自己解决，会感到无助，但是问题解决后，那种成就感让他觉得很棒。

有一次自行车的中轴断了，那时离滨州还有20千米，张琪想拦辆车把他捎到市区，但是没人愿意带他。他只好上坡推车，下坡溜，上坡再推，就这样一路到了滨州。修车的人问他："你去哪儿啊？""我回甘肃。"师傅对他赞赏道："小伙子不错啊，这自行车我一定给你修好，保证你能到家！"

"一个人在路上会遇到很多事情，很多困难，遇见的人也有好有坏，但我遇到的好人居多。我感觉一个人骑行收获还是挺大的，它让我变得更加独立。见的人多了，我也变得开朗起来。骑车肯定会觉得累，但那只是在身体上，我心里一点都不觉得累。"

"特别是在高海拔地区骑自行车的时候，嘴张特别大吸气也感觉没吸多少，一直喘不上气来，高反还会让头特别疼。在那个时候，骑车完全是凭着一腔热情，虽然这个过程很痛苦，但是骑到山顶时的那种感觉更刺激、更爽！有时候，路上开车的人会给我喊加油，竖大拇指，还给我送水。他们让我很受鼓励。还有的时候，突然间一抬头，看到非常棒的景色，会感觉一切都值了。"

读

不管是从身体上，还是心理上，骑行对张琪的改变都是很大的。

以前每到秋冬换季的时候他都会感冒发高烧，但自从骑行后，他的身体素质好了，每天都觉得精气神很足，也很少感冒生病。在心理上，他的抗压能力变得更强，也变得开朗外向起来。以前他不喜欢和陌生人说话，现在他很喜欢交朋友，看见人还会主动上去聊两句。

一次出游，张琪遇见了自己的爱情。那是一个同他一样热爱骑行的女生，张琪早已在心里计划了无数同她一起的浪漫骑行之旅。如今，那个女生也考研来到交大。这一刻，他等待已久。

"骑行，是我第一次违背父亲意愿去做的事情。它让我明白，很多事在没做之前会感觉特别难，但只要动手做起来，碰到困难去解决它，当你走过那段路，再回头看，你会发现其实没那么难。我觉得骑行很适合我。我喜欢它给我带来的一切改变。"

大概一个人的骑行反而更能让自己贴近自己的内心，发现真实的自我。这是浮光掠影、走马观花之外的深入体验，也是探索自我的最佳时机。一个人、一辆车，走过无数城，遇过无数人，人在途中，心随景动。从起点，到尽头，有快乐，也有孤独，但只要心系远方，勇敢前行，便能用足迹丈量生命的长度。

扬华研究生新闻中心记者 聂源 报道//王泓颖 摄影//于洋 姚月 编辑

7 交大精神：我辈铭记“竢实扬华”

它是一种传承、一种激励，更是一种自我挑战，
每个交大人都愿意用一生为其付出。
人生路上的风景有那么多，
可是作为交大的年轻人，
我们最不想错过与交大学生个人最高荣誉比肩的这刻，
因为，我们知道，
它在每一个交大人心里都是那么掷地有声。

温晓倩

“Paper Queen”的成长蜕变

照片由被访者本人提供

学术的道路，就像沙漠中的旅行，注定了孤独与艰辛。然而在温晓倩的身上，我看到了坚持不懈、持之以恒，她以无比的耐心和毅力战胜了一个个困难，经受住了一次次挑战，最终取得了突出的学术成果。期待她在未来的学习工作中，继续发扬这种学术精神，成为学术之路的优秀开拓者！

——经济管理学院 黄登仕 教授

温晓倩，2012—2013 学年“竢实扬华奖章”获得者之一，西南交通大学经济管理学院 2010 级管理科学与工程专业博士研究生。“竢实扬华奖章”的答辩会现场，代其答辩的陈怡翔同学曾用“Paper Queen”来形容在学术上收获颇丰的温晓倩，记者通过网络联系到了正在澳大利亚科廷大学（Curtin University）公派留学的她，了解了这位“Paper Queen”在交大八年的成长蜕变。

八年交大求学，点滴生活，历历在目

2005 年，怀着一颗年轻炽热的心，温晓倩来到了西南交大，在公共管理学院开始了本科阶段的学习。“那时候的学习很简单，就是认真听讲，上自习，然后准备期末考试，并保证每个学期都可以获得优秀的成绩和奖学金。”课堂之余，温晓倩也参加了各种各样的社团活动，前后担任过班级团支书、外语协会口语部部长，组织过“交大之星”英语演讲比赛、镜湖英语角和班级的各项团支部活动。优异的学习成绩和丰富的社团生活使她多次获得校综合奖学金和专项奖学金，并获得了校“三好学生”“优秀团干部”等荣誉称号。

2009 年，温晓倩以优异的成绩被保送至经济管理学院金融学专业，开始了硕士研究生的学习。进入研究生阶段后，温晓倩很少再参加社团活动，全身心投入到了学术研究中。读硕士的第一年里，她就阅读了许多文献并投入了大量时间学习经济计量模型。在导师的帮助下，她逐渐尝试着写学术论文。“我的研究方向是金融风险管理，这些计量模型工具是关键。在金融数理方面的研究需要强大的数学功底和背景，因为高中以及大学本科期间我的数学成绩还不错，所以我很有信心去了解并研究这些现有的计量模型，并以此扩充和巩固专业知识，为我进一步地学习研究打下了坚实的基础。”

研一下学期，温晓倩获得硕博连读的推荐免试资格，转为博士研究生。在导师黄登仕教授的指导下，她延续着对学术研究的热情，依然致力于硕士阶段的研究方向。导师的鼓励和支持是她博士阶段学习的不竭动力，也为她迈向下一步的成功奠定了坚定的基础。

“Paper Queen”是如何“炼”成的

发表国际顶级期刊、影响因子高达2.538的SSCI论文两篇，ABI检索论文两篇，CSSCI检索论文两篇，在审SSCI论文两篇；受国际能源经济顶级期刊*Energy Economics*和*Energy Policy*的邀请，担任其匿名审稿工作；以第一主研身份参与国家级项目三项……这些看起来炫目的数据和如此丰硕的论文成果，人们很难将它们和一个管理学科的在读博士生联系起来。谈到“Paper Queen”这个称号，温晓倩觉得大家过高地夸赞了她。“平时我的生活其实很简单，就是浏览文献，写文章，修改文章，不断地完善自己的学术论文罢了。”

对于写论文、做研究，温晓倩认为最关键的是要有一个好的心态，抱着兴趣和好奇心去发现问题，以谦虚的态度去跟别人学习，不能急于求成，不能急功近利。写论文是一件十分考验人耐心的事，可能经历很长时间都难有一个理想的结果，这时就需要我们静下心来好好思考，只要坚持下去最后通常都会有不错的结果。

当然，“Paper Queen”的成长之路并不是一帆风顺的。令温晓倩印象最深的一次要数她发表的第一篇英文论文了：在文章投出去一个月之后，她就收到了拒稿通知。当时审稿人以“your paper is too long compared with your contribution”拒绝了她，但这句话却一直激励着温晓倩，让她懂得一篇优秀的学术论文最关键的是学术贡献，哪怕贡献只有一点点。“研究动机、文献回顾、实证模型与解释都要明确地凸显文章的贡献及其意义，第一次拒稿让我明白了很多，我也很感谢审稿人，因为他们给了我许多启示。”

“女博士”：不是第三类人，而是第三条路

对于女生来说，读博是一件需要勇气的事。谈到为何选择这条很少人走的路时，温晓倩认为“兴趣”是很关键的因素。大四保研之后，温晓倩就接触了很多文献，心中也逐渐有了对学术的向往。在后来的研究生阶段，她也一直在学术的路上坚持着，最后顺其自然选择了硕博连读。“或许我的性格比较适合做研究吧，所以我选择了继续读博。”

“读博其实挺艰辛的，写论文的日子很难熬。”由于SSCI期刊的论文需

求量要远小于 SCI 期刊，SSCI 期刊对写作语言和技巧有更高的要求，同时经管类学科的思想大多是西方的，因此经管类的文章很难在国际知名的期刊上发表。这些对于温晓倩来说都是不小的挑战，“我们在学术研究的时候要善于转变思路，这样才能得到国际期刊的认可。论文修改过程也是很大的挑战，没有哪篇文章是完美的，但是我们要拼命做到完美，面对这些，我唯一能做的就是坚持，不断地思考和学习。”

2013 年 5 月，温晓倩获得了国家留学基金委公派留学奖学金的资助，赴澳大利亚科廷大学（Curtin University）访问学习一年。对于在澳洲的学习和生活，温晓倩说道：“这边的生活很不错，国外的研究者更善于寻找自身的兴趣来做研究，研究者有很大的自由和空间，在澳洲我可以感受到自由的教育学术气息，同时学术交流机会也很多。这里的导师、研究人员和同学们都非常热情，善于交流，给了我很多支持和帮助。”

关于未来：怀着谦卑的心，踏实做好研究

关于今后学习、工作的展望和规划，温晓倩希望继续踏实、认真地做好研究，怀着一颗谦卑的心，多与优秀的学者交流与合作，努力克服自身的不足，争取收获更加优异的科研成果。

对于获得交大的最高荣誉“竢实扬华奖章”，温晓倩表示，这个荣誉是集体共同努力的结果，“我特别要感谢我的导师黄登仕教授，还有一直以来为我提供帮助的魏宇教授。如果没有他们的栽培，我就无法获得如此优异的成绩。另外，我还要感谢学院的老师和同学们，他们为了帮我准备这次答辩花费了很多心思，这个奖是属于每一个栽培我、鼓励我、陪伴我的人！”

正如温晓倩的导师黄登仕教授说的那样，“学术的道路，就像沙漠中的旅行，注定了孤独与艰辛”。然而，温晓倩却凭着她的努力、执着，战胜了学术道路上的一个个困难，取得了令人惊叹的成绩。相信今后的她一定能够继续承载这种精神，在她的沙漠之旅中，透过沙粒，看见远方的那片绿洲。

扬华研究生新闻中心记者 郑世琦 报道//阮璐洁 编辑

王　娟

You Get What You Pay For

有那么一群人，他们为了科研夜以继日、废寝忘食，为了梦想辛勤付出、努力拼搏。作为一名学生，他们在前行的路上不忘初心，执着追寻；作为一名交大人，他们践行着“竢实扬华，自强不息”的交大精神。

王娟，材料科学与工程学院2011级材料学专业的博士生，就是这群人中典型的代表。作为西南交通大学学生的个人最高荣誉“竢实扬华奖章”的获得者之一，在申请这个奖项之前，王娟就在心里无数次地问自己：“我是否配得上‘竢实杨华’这四个字？我该如何来诠释这四个字？”

从国家级科研项目的主持到国家奖学金、国家建设高水平大学公派研究生项目奖学金、国际青年学者奖学金的获得，从境外国际会议口头报告到国际著名期刊审稿人的担当，从 14 篇 SCI 论文的发表到 2 项专利的中国授权……这所有的科研成果和荣誉，也许就是最好的诠释。

付出，让自己终有所获

在天津理工大学读本科的时候，作为学生会主席的王娟，在忙碌而充实的学生社团工作的影响下，梦想着成为一名出色的高校辅导员。然而很多时候，改变往往总在一瞬间。大三的时候，她开始接触 SRTP（本科生科研训练计划，Student Research Training Program，简称 SRTP）的系统培训，渐渐对科研产生了兴趣。“在实验室可以静下来思考很多东西，知道自己需要干什么。与学生工作相比，你花费几个下午或晚上开会讨论一个事情也许还是不能得出其解决办法，而做实验却能得到立竿见影的效果。”因为喜欢进行科研时的状态和环境，硕士入学伊始，王娟就立下了读博士的目标。实验室、寝室、食堂三点一线的生活早已让她习惯，做实验、找问题、查文献，准备论文的撰写让她废寝忘食。面对枯燥而无休止的实验，王娟认为保持自己的科研兴趣很重要，并且需要及时关注专业学术前沿动态和不断地更新自己的知识储备。

正是凭借着自己的不断钻研和努力付出，2012 年王娟被推荐为免试博士研究生，并在博士一年级伊始就获得了西南交通大学博士创新基金。随着科研的深入，她还得到轨道交通拔尖人才和优秀博士学位论文培育项目的支持。博士二年级时，王娟获得了国家建设高水平大学公派研究生项目的资助，赴美国科学基金会革命性金属生物材料工程研究中心进行为期一年的联合培养。该研究所是美国最大的关于研究生物可降解金属的机构，在导师的指导下，她的科研水平和科研思维得到了系统的提高，研究课题也迅速得到美国科学基金会的关注，并加入了多国联合国际可降解金属研究平台，她的科研也渐渐走向了国际化道路。

由于在美国科研工作的突出表现，美国科研单位强烈邀请王娟延长在美的研究计划，并邀请她以助理研究员的身份进行第二年的研究工作。到目前为止，她已获得授权中国专利 2 项（排名第二、第三，导师第一），公开 2 项；发表 SCI 学术论文 14 篇，有 6 篇作为独立第一作者，其中 3 篇 A++，2 篇 A+级别，累计影响因子 24.814；1 篇为创刊国际特邀综述；境外国际会议口头报告 9 次。更重要的是，她的重点工作得到了美国食品药品监督局（FDA）和美国实验材料学会（ASTM）的关注，委员会邀请她参与撰写了两项国际材料测试检测标准。这对她的工作在国际可降解金属领域研究层面上的领先性、重要性和专业性是极大的认可，更关键的是让中国在可降解生物材料研究领域具有了国际话语权。

合作，让科研走得更远

“不管是在生活中还是科研中，每个人都有自己独特的长处，我们应该利用好这些长处，发挥各自的优势，合众之力去寻求问题的解决办法，这比独自一人苦苦思索要有效果得多。我喜欢大家一起为一个目标努力奋斗的感觉，做科研更应该要认识到合作的重要性。”王娟如是说。

谈起在美国的学习故事，王娟说特别怀念那些大家为了一个问题或一场报告一起讨论、共同学习、相互帮助的时光。她也把这种合作的精神带回了国内、带到了交大，她很乐意把自己在国外学到的东西毫无保留地分享给实验室的小伙伴，把实验室的学术研究平台建造得更好。她希望大家能够少走一些弯路，用有效的时间去进行一些新的研究，以达到更长远的发展。

在美留学的这两年，王娟通过在可降解金属材料领域的研究，为交大和美国科研机构建立了良好的科研合作关系，交大作为主持单位获得中国国家自然科学基金重点项目，美方成为参加单位。2015 年 3 月，王娟及其实验室团队准备进一步申请“国际（地区）合作与交流项目、重大合作研究项目”，美方和中方将向双方的国家科学基金会共同提交这份申请计划。王娟说：“利用国际资源，联合共同力量，大家互相讨论合作去做一件事，解决一个科学难题，才是最有意义的。”在她看来，世界上本一切都是公平的，科学是没有国界的，世界各国的科研团队为了搞明白一个科学难题而共同努力才是对人类最大的贡献。她也一直记着一句非洲谚语：If you want to go fast，go alone；If you want to go further，go together.

感恩，让梦想继续前行

四年前，王娟考研失利，几经周折她联系到了现在的导师黄楠教授，黄教授说可以给她一次面试的机会。在填调剂信息前，她独自一人来到成都参加黄老师的面试。在面试的过程中，她并没有多讲，只是把本科期间的科研工作做了一份 PPT 呈现给黄老师。讲完 PPT 后王娟问了老师一句话，"我可以跟着您读吗？"老师说："可以啊！""就是这短短的几十分钟，改变了一个草根的命运，给了我一个可以成为交大人的机会。"王娟不无感激地说，"黄老没有太在意我本科毕业的学校和学术背景，也许他看中的更多的是学生对科研的兴趣、工作的能力以及发展的潜力，真的非常感谢黄老的知遇之恩。"

对王娟来说，黄楠教授不单纯的是自己的导师，而更像一位父亲关心自己子女一样关怀着她的成长。刚来成都的时候，王娟由于生病，身体状态很是不好，黄教授帮她寻找可靠的医生进行治疗；在她出国留学期间，父亲病情严重的时候，黄教授还专程跑到她天津老家看望她的父亲。"很多时候、很多事情黄老都帮我担着，这样一种人文关怀总会给我带来很多力量，另一方面也是给了我在科研道路上的更多支持。"王娟说道。

一个好的导师，是你在离开他后不觉得孤立无援。在美国留学期间，不管是生活上还是科研中的问题，王娟都会通过邮件与导师交流。面临人生重要抉择的时候，她更是会咨询导师的意见。在联合培养即将结束的时候，美国向她伸出橄榄枝希望她能够留下来继续培养，而她毅然放弃了美国优厚的条件而回到了中国。因为在面临选择时，王娟想到了黄老师在她去美国的前一天晚上和她促膝长谈时的一句话："如果你心里没有祖国，即便有一天你成为科学家，也不会受到他人尊重。"王娟回忆着这一句深深印刻在脑海中的话。正是黄教授的一席话让她怀着一颗感恩之心做出了回国的选择，她说："我期待回国后和黄老师及我们课题组共同努力，建立我们团队在可降解金属材料研究领域更多的国际话语权，也希望我们的工作能对这个领域的发展起到推动作用。"

对王娟来说，从天津到成都，改变的是一个草根的命运；而从中国到美国，获得的却是可降解生物材料研究领域在国际上的话语权。改变也许只在一瞬间，梦想并不太遥远。不论走哪条路，用心去走，总会有所收获，就像王娟自己说的那样：“You get what you pay for!”

扬华研究生新闻中心记者 齐宿娟 报道//王为介 摄影//郑世琦 编辑

姚超凡

向往挑战的白羊座

“做人之不想做，做人之不敢做，做人之不能做。”这是他的人生信条；“充满活力，向往挑战！”这是他的性格特点。面对崎岖艰辛的科研道路，他从未退缩，凭借着坚忍的意志和迎难而上的决心突出层层重围，最终走向交大的最高个人荣誉——“竢实扬华奖章”。

姚超凡，2012级土木工程学院隧道工程专业硕士研究生，一个向往挑战、生活中永远充满活力的男生，白羊座的性格特点引领着他一步步实现自己的突破，走向更广阔的未来。

实践出真知

提到隧道工程专业，不难想象这一专业的同学必然要经常与工地打交道。姚超凡回忆说，本科还没毕业的时候就经常跟着各位老师到施工现场，实践的过程让他更加确信“实践出真知”这句话的含义。到了研究生阶段，参加的项目逐渐多了起来，需要经常奔波于各个施工现场。他认为仅仅局限于书本、论文中掌握的知识是远远不够的，就如他自己描述的那样“搞科研不能闭门造车”，他积极参加各个项目，帮助导师在施工现场采集科研数据。

参加工程实践，他曾奔波于各地。本科时，一次在重庆的桥梁荷载试验让他记忆犹新。晚上 12 点到了重庆，由于白天桥梁要供车辆行驶，检测工作只能在晚上进行，所以当天夜里就要开始工作。那天重庆正好气温骤降，下着小雨，由于一路的奔波，姚超凡的衣服早已淋湿。试验在夜里 12 点开始开展，姚超凡只好穿着湿透的衣服在瑟瑟冬风中进行检测工作。初冬桥面午夜的凉风和小雨，湿嗒嗒的衣服，除了严寒还有饥饿，他却依然还要坚持完成试验工作。

当然这样的环境还算是比较“优越”的。“印象最深的一次是在雀儿山隧道。这个隧道海拔在 4200 米左右，是世界上海拔最高的隧道”，他描述了当时在雀儿山隧道生活的情况，在 3 个月左右的生活中，刚开始不适应当地的气候：高原缺氧，打一会儿电话都会气喘；严寒，还伴着刺骨的风；隧道里浓烈的柴油尾气，让人晕厥和窒息。但这些都没有阻止他前进的脚步。为了收集数据，他选择坚持长时间待在隧道里，“那个时候经常一待就是几个月，后来终于稍微适应点这种环境了。”几个月的坚持，他积累了相当丰富的实践经验，如今的姚超凡在科研之路上越走越宽，已经能独当一面了。

凭借着坚韧的毅力和勇往直前的勇气，姚超凡在研究生期间发表了 5 篇学术论文，成为近 5 年来土木学院唯一一个第一作者或通讯作者同时在 A++级和 A+级期刊发表论文的硕士研究生。

在挑战中突破自我

研究生期间，姚超凡不仅将精力投身于课程学习和学术科研，他还抽出时间承担起班级与社团的日常事务。问及研究生的生活和本科最大的不同时，姚超凡脱口而出——“变忙了”。研一期间的很多时间都被这两个职务所占据着，在老师和同学的共同帮助下，他顺利完成了班级建设和新闻中心的各项任务，也正是因为姚超凡敢于接受挑战的特点，他研究生期间的课余生活非常丰富。科研与社团活动并肩前行，很少有人能做得如此出色，但姚超凡做到了。一年里，带领新闻中心的成员们在校内各类网站上发表新闻近 300 篇，并获得“校研究生优秀宣传团队”；带领大家积极开展班级建设，一年后，班级在学习成绩、发表论文和评奖评优等各方面皆名列前茅，并获得了“校研究生先进班集体”。他在自我简介中这样写道“我的新闻中心、我的班级、我的团队将是我一生的财富，那些风华正茂的同学年少将是我一生最珍贵的回忆。”

当然，成长中的挑战，还不止这些。如今的姚超凡展现出的坚忍的意志和敢做敢拼的精神离不开生活中的磨砺。2008 年，他的父亲去世了，那时的姚超凡面对大学巨额的开销没有向生活低头，他意识到“经济独立不是‘奢侈品’，而是‘必需品’。”他默默告诉自己：自古雄才多磨难，从来纨绔少伟男。他曾经历过在商场歇斯底里地推销饭锅，被路人像看笑话一样嘲笑，也曾带着扩音器扯着已经沙哑无力的嗓子给成人自考的学生上课。这一切的一切让他体会到成长的艰辛，也使他更加坚定前行的信念，困苦和磨难铸就了他饱满的人格。

成长的道路上总是充满荆棘和挑战，当困苦到来之时有的人选择向命运屈服，从此被生活所淹没；而有的人面对困苦的洪流依旧能够昂首向前，从而成为生活中的强者。姚超凡就是这样的人，面对生活中的诸多的挫折与困境他从未抱怨，而是选择向前，再向前。

能够走向交大最高个人荣誉的领奖台，姚超凡感受最深的就是要学会积极主动地争取，只有争取过才有可能获得更多的机会，才可能把“想做”变成“敢做”，再把“敢做”变成“能做”。

扬华研究生新闻中心记者 薄琳 报道//王为介 摄影//郑世琦 编辑

白菲菲

完美如她

照片由被访者本人提供

“我还是蛮喜欢挑战，那种现在都可以预测到几十年后会做什么的生活并不属于我。”白菲菲说出这句话的时候，已经向国外几所知名大学投出了博士后的职位申请，而在大三期间，她还只是个刚刚会进行 CNKI 检索和对文献有初步概念的科研新人。

即将从电气工程学院电力系统及其自动化专业毕业的 2011 级博士研究生白菲菲与交大的结缘似乎是命中注定的，一场奇特的梦境发生在 2006 年高考填报志愿时的某个晚上。“西南交通大学”几个闪闪发光的大字清晰地出现在白菲菲梦中的校门上，第二天早早醒来的白菲菲向爸爸和哥哥讲述了这个不可思议的梦境。“无论怎样我们尊重你的选择，只要自己不后悔。”爸爸和哥哥这样回应道。于是在 2006 年的夏天，这个喜欢做梦，相信梦境的女孩踏上了那列驶往交大的火车，用三十多个小时的车程来追逐属于她的未来。从大一到现在，每年寒冬三十小时石火光阴，一朝交大缘梦八九年岁月如流。如今以答辩成绩排名第一摘得“竢实扬华奖章”的白菲菲笑着说：“我不知道前方会是怎样，我只知道想到就要去做。”就是这样勇敢而开朗的她，如一只懵懂闯入森林的小鹿，在丛林深处最终觅得了绮丽而甘美的果实。

科研：一条渐渐喜欢到不能离开的路

从小稳居班级第一的白菲菲从踏入交大校门的那一刻起，就从未停下自己奋斗的脚步。

担任团支书，出任班长，带领大伙儿一块儿学习、一块儿做事、一块儿娱乐，白菲菲最初的成就感并不是来自考试成绩，在集体中的奉献和活跃建立了她大学最初的自信。在这种自信的催生下，白菲菲的学习成绩在大三那年得到了集中大爆发，毕业时她也因此保送了交大研究生。但这并不是让她深刻铭记的事，令习惯于记忆美好和遗忘苦痛的白菲菲更加无法忘记的是，在大三的两个科研项目中初尝到的科研吸引力和大四被选为代表到大连进行报告时体验到的学术成果魅力。作为当时交大唯一被选出做全国性报告的白菲菲丝毫不感畏惧，自信而激情地在海风轻拂的大连初显了自己的学术风采。就是这样一个站在全国舞台上演讲而未着正装的大大咧咧的女孩，渐渐走上了那条自己当时并不知道会“托付终身”的科研之路。

“Could you please consider accepting an excellent Ph.D. student of mine? ”硕博连读期间，白菲菲的导师王晓茹教授给美国田纳西大学电气

工程专业的国际知名教授及电气与电子工程师学会院士（IEEE Fellow）Dr. Yilu Liu 只说了这么一句话引荐白菲菲。在得到肯定回答之后，2012 年 9 月白菲菲怀着感恩的心和自己的科研之梦踏上了田纳西州这片阳光遍布的美国东南部大地。

与其他留学生不同的是，她并没有初到美国的新奇，白菲菲始终铭记王老师的那句话“一定要赢得刘老师的认可并加入其科研项目中”，于是她经过一周的时差调整之后便立即投入到了科研之中。然而与这片温暖大地形成反差的是，作为联培学生一般不能参加国外导师科研项目的现实打击。在刚刚开始的三个月里，白菲菲没有做任何一项与国外导师科研项目相关的工作，但每一次导师交代的任务她都会迅速地在最短时间内超标准完成，每周两次的组会汇报她也积极地比别人多做一次。放弃和怀疑是白菲菲从来都无法理解的词，而微笑和乐观是她心里深深发芽的种子。三个月之后，国外导师嗅到了白菲菲不甘平凡的人格心声和非凡卓越的学术能力，破例使她成为当时唯一一个能够加入美国国家科研项目的公派留学生。

从 2012 年 12 月到 2013 年 12 月的整整一年时间里，白菲菲参加了美国能源部的“High-Performance Hybrid Simulation/ Measurement-Based tools For Proactive Operator Decision-Support”（电力系统动态建模）和美国电科院的“Synchrophasor Applications Stability Analysis And Prediction Using Synchrophasors”（电网稳定性预测）两个重大科研项目。不分昼夜地穿梭于实验室做科研，电科院频繁启动的电话讨论会议，自律性和行动力俱佳的白菲菲似乎忘记自己是一个女生，在实验室奋战到凌晨一两点都是家常便饭。只有当每一幢实验楼的灯都已安静入眠，当校园里每一条路上的学生渐渐稀少，白菲菲走出实验大楼的那一刻，似乎才感到了孤独和惴惴不安。但是夜空里的星星总是会陪在她无法触碰的天空，在那一刻，她的笑容似乎比星星都还明亮。走完从实验大楼到停车场十几分钟的路程，白菲菲感觉似乎过了一个世纪。在停车场里白菲菲远远地看到自己那辆小小的银色道奇车孤零零地等在那里，想起了刚到美国从未碰过汽车的自己，在朋友的“私人驾校”训练下两周之内拿下了美国驾照，并且经过熟人介绍买下这辆小车，虽有过一次与大型 GMC 相撞，但现在仍然安静完整地守候着她。白菲菲又笑了，她拿出钥匙，满载着一天的研究成果和明日的研究激情，决然地走上那条已经透出微弱光亮的科研之路。

白菲菲那些多花费的时间并没有白费，她出色地完成了美国能源部和电科院的两个科研项目，得到导师的高度认可和赞扬。接下来国外导师又向她发出了另一个参与美国电科院有关广域阻尼控制的项目邀请，一向勇往直前的白菲菲在此时犹豫了，因为之前她一直从事的研究方向是电网的频率动态分析和建模，而对于控制领域涉猎极少。白菲菲如往常一样拨通了国内导师王晓茹教授的电话，此时她面临着两难的困境：留学时间还剩一年，如果开启一个新的方向有可能研究刚刚起步就要回国；但如果不接着做项目，那么和美国科研团队的交流就会很少，留学的收获和实际意义也会大大缩减。在和王晓茹导师进行了深度的交流和沟通后，勇于接受挑战的白菲菲选择了加入该项目的研究。

在做研究期间，周末和朋友开车出行买菜成了白菲菲每周最大的放松，而博士三三两两错落请假十多天的出游休闲也有两三天差不多沦为了她继续科研的工作阵地。白菲菲印象深刻地回忆说："当时是在拉斯维加斯的宾馆，大家都已经出去玩，我就一个人在宾馆做仿真和项目汇报用的PPT。"除此之外，在大峡谷之旅的途中，白菲菲为了不影响同一房间的同伴入睡，她将自己的"工作室"转移到了洗手间，她在椅子上不断敲击键盘，描摹着自己逐渐清晰的科研未来，而缺少的睡眠时间只能在行车路途上补回。经过长期坚持不断的努力，白菲菲没有辜负国内外两位导师的期许，在自己之前不熟悉的领域也做出了不凡的理论成就。

2014年9月，本是白菲菲应该回国的日子，但是深受美国导师欣赏的白菲菲又收到了一封让她主要承担美国CURENT研究中心一个重大项目的邮件。回国前的最后一个月里，白菲菲为了对导师和项目负责，最大化地利用美国实验室里独有的科研平台来实现在线控制，断断续续熬了几个通宵。然而在完美收官的同时，她不但在回国的飞机上晕倒，回国之后因抵抗力极度下降造成的过敏现象更是持续三个月之久才得以痊愈，这些都让白菲菲的爸爸妈妈心疼不已，甚至提出让女儿放弃科研，过同龄女孩一样安逸的生活。"在别人都只在乎你飞得高不高的时候，只有父母会关心你飞得累不累。"白菲菲说出这句话的时候没有任何矫情的痕迹，而是露出了灿烂的笑容，她的眼神里找不到任何埋怨或者困惑，人们都会被她清新如初的乐观笑容深深打动，仿佛天暗下来，她就是光。

分享：从事学生工作完成快乐的意义

“我不喜欢一个人单独去干一件事，觉得那样没什么意义，我很多时候喜欢分享。”白菲菲在取得丰硕学术成果的同时，也始终在学生工作中践行着自己的快乐原则。“只有在最高职位上我才能带领大家做更多有意义的事。”秉持着这一信念，白菲菲从大学本科的团支书、班长，到硕士班级的党支书，最后博士阶段成为学院的研究生会主席，一路上她带领着大家留下了无数美好的岁月印记。如果说白菲菲是一个被幸运围绕的人，那么围绕在她身边的人也是幸运的。小到一张请柬的设计裁剪全部亲自操刀，大到整个实验室团队的负责和接手国家项目的管理安排，不论是组织户外素质拓展训练还是带领参观东方电气研究院，白菲菲都在每一个力所能及的地方做到最好。她一直用自己对世界的美好观念抹去同伴心中偶尔密布的乌云，不论是晴天还是雨雪，她始终在那里，像一棵永恒的开花的树，叶茂是她本就拥有的内在，而花朵却是因为心中拥有着阳光而绽放的奇迹。

在学术科研和学生工作的双重压力下，很多人讶异于白菲菲能够做到完美兼顾。她坦言道：“熬夜加班对我来说那是常有的事儿，以事实完成质量标准才是我关注的重点。”对每个方面都力求做到最好的白菲菲平时会条理清晰、轻重有序地安排自己的日程表，但即便是这样有时也会因为事情太多而忙不过来。“一般压力大或者累了的时候，我都会去跑步，体力锻炼可以有效缓解脑部压力，有什么心事儿跑一跑就好了。”善于记忆美好的白菲菲对烦恼的遗忘也游刃有余。

家人：一路成长的守护者与引导者

爸爸和哥哥——白菲菲生命中最重要也是对她影响最大的两个男人。一个负责温情引导，一个负责严肃理性，两个人都是白菲菲自小的榜样和心灵依靠。

“从小到大觉得什么事爸爸都能摆平，没有他解决不了的问题。”白菲菲说起自己的父亲充满了敬佩与自豪。她的爸爸是一个内心强大并且优秀的共产党员，从小就给予她乐观积极的环境保障和观念价值的正确把握。白菲菲回忆说:“记得小时候很晚了,看到爸爸工作完后仍伏案在灯下练字,就想长大以后一定要像爸爸一样勤奋。”或许在那个时候，白菲菲的心中便已经埋藏了一个关于学术科研的奋斗梦。爸爸就是她生命中的航灯和避风港，无论生活中的大事小事，白菲菲都乐于和爸爸分享探讨。在美国留学的最后时期，心中早已坚定回国的白菲菲仍然拨通了爸爸的电话，希望听到爸爸肯定的声音。“没等我说完，爸爸就激动地打断了我。他说你哥是军人，咱家都是共产党员，国家从小就培养了你，获得国家和学校的各种奖学金，导师还推荐你公派留学，所以不要忘本。”白菲菲面对爸爸严厉的批评没有任何反驳，因为她心中明白爸爸不许她的思想有任何瑕疵。就是在这样一个饱含爱国情怀的父亲的悉心教育下，白菲菲同样对祖国拥有发自内心的热爱和责任感。

与爸爸的健谈相比，白菲菲的哥哥则显得有些沉静。“我哥智商高，从来就是年级第一,有那么一个榜样在,我也不好意思不优秀。”从记事开始,白菲菲印象中家里就堆满了书，哲学读本、文学名著都是哥哥的最爱，在他潜移默化的影响下白菲菲也耳濡目染地翻阅了一些哥哥读过的书。“他脑袋特别聪明，他一下就能读完的书，我翻好几遍都看不懂。像《红楼梦》我已经读了好几次开头。”白菲菲又咯咯地笑起来，“所以我小时候做任何事付出的时间都比哥哥多。”在哥哥这样一个标杆式人物的引领下，白菲菲一直追随他的步伐，在较高的水平线上保持着进步。不得不说爸爸和哥哥对白菲菲的影响是直接而深远的。

未来：坚定的学术与绚丽的生活

“我没有找其他工作，只选择了以后继续做研究，不想给自己留任何退路。”白菲菲留美回国之后这一想法变得更加坚定了。国际开放的学术交流氛围，前端的研究硬件设备，都深深吸引着她继续从事学术科研。“我希望以后能在国际舞台上有话语权，做出一些大家都认可的事情，带出一个强大的团队，像我的两位女导师一样在学术的国际舞台上叱咤风云。”白菲菲笑着描绘自己的实践蓝图，“若工业界和学术界真正结合在一起，将会达到互利共赢的局面。”理想对于白菲菲来说虽然还有一定距离，但她却拥有足够企及的力量。

在学术强势的外表下，白菲菲终究是一个简单而美好的人。她对科研的执着，对生活的热爱，对朋友的关心，对人生挑战的无畏，她的内心强大而安宁，就像是天使在人间。

白菲菲喜欢做手工、画画、拍照、摆弄小物件，善于烹饪做美食，亦是健身跑步的常客。她悉心珍藏着生命河流中的点滴，精神追求对于她来说远远超越了物质享受。她从不偏废生活的各个方面，她认为只有全面发展的人才是健康完全的人。她从来不相信女子不如男，不相信世俗某些无端歪曲的观点，更不会陷入忧郁的深渊而无法自拔。在这个充溢着“悲观美学”的世界，白菲菲就像一簇永远不会熄灭的火焰，走到哪里都带去温暖和光明。因为在她的生命哲学里，一切皆有可能并非只是一句口头禅，向着太阳生活可能会更接近梦想的天空。她笑着，用自己的乐观态度击破了一个个质疑的声音；她行走着，用自己的成就证明了一个近乎完美的个体的存在；她温柔着，以孩童般纯稚的心灵对待身边的物华人逝。

她从未怀疑自己，亦从未怀疑未来，而她最终从未怀疑的，是希望。

扬华研究生新闻中心记者 于之楠 报道//陈人龙 编辑

陈振颂

夜再黑，也不要放弃爱这世界

2015 年 11 月 11 日，在西南交通大学“竢实扬华奖章”研究生答辩会现场，来自交通运输与物流学院交通运输规划与管理专业的博士研究生候选人陈振颂说了这样一句话，感动了很多人：“无论什么时候，都不要放弃爱这个世界。”

狂爱学术的“交大谢耳朵”

陈振颂把《生活大爆炸》看了好几遍，反反复复，来来回回。如果说陈振颂是交大版的“谢耳朵”，那不仅仅是因为他酷爱《生活大爆炸》，更是因为陈振颂与“谢耳朵”一样，都是狂爱学术的博士，讨论的话题常常都是科研，在他们的生活中，学术都是无法或缺的部分。

冰冻三尺非一日之寒，或许极少数人生来就对学术有着执着疯狂的热爱。刚进入大学的陈振颂并没有雄心壮志，高考的失利对他来说是个不小的打击，迫于专业和成绩的压力，陈振颂踏入大学的心情并不轻松。但如果说有一种力量能够支撑着陈振颂从本科坚持到了博士，那这力量便是对建模的痴迷。

初次与建模相遇只是个偶然，陈振颂的两个“学霸”同学报名了建模竞赛，拉他组队。而偏偏就是这第一次与“大神”组队的尝试，竟给陈振颂带来了一个一等奖。陈振颂惊奇地发现，他很擅长用建模发现问题、解决问题。不曾想，这种兴趣渐渐变成了痴迷，变成了狂爱。陈振颂曾在一个半月内连续参加了华中、苏北、华东三个地区以及校赛等四场数学建模竞赛，由于赛程很紧，他每晚基本上只能休息两三个小时，几乎都是熬夜通宵奋战。而且华中赛和苏北赛是在同一时间段举行，因此每每结束一场比赛想好好歇息一阵的时候，新的比赛又开始了。

这位交大版的“谢耳朵”，秉承着对建模疯狂的爱，坚定地选择了读研深造，并在研一时选择了硕博连读，进入交通运输与物流学院系统工程专业进行理论研究。到目前为止，陈振颂已经发表论文 22 篇，其中 3 篇为 SCI 检索论文，11 篇为 EI 检索论文，另外 8 篇为 CSCD 核心库论文。从投稿到审稿再到修改是一段漫长的路，为了向顶尖期刊冲击，他曾经一篇论文修改三十多次，终于等到了被录用的佳音。

提起学术的时候，陈振颂异常兴奋，他觉得数学的美无法用语言描述，学术早已融入他的生活甚至是灵魂。但陈振颂却始终认为自己无法同“谢耳朵”相提并论，在他眼中，自己太过普通，远远不及“谢耳朵”的才能和天赋，他更多的是一种对“谢耳朵”的羡慕和对自己未来的期待。

差点成为记者的工科男

陈振颂本科毕业的时候，报名了成都日报一个实习记者参观空军基地的活动。竞争者太多，陈振颂本已不抱希望，谁知最后这个彻彻底底的工科男竟然被选中了。这段经历以及多年来的阅读写作经验让他差点成了一个记者，只是最后经过深思熟虑，陈振颂还是选择了读研深造。

谈起文学的时候，这个工科博士的情怀不逊于任何一个文科专业的学生。

他读张爱玲，他遗憾这般聪明伶俐的女子为何嫁给胡兰成这样的负心汉；他读柏桦，他说柏桦的诗歌寓意很深，仔细挖掘方能读出诗人背后的讽刺；他读蔡康永，他赞美蔡康永的心思细腻，让人情不自禁地心生喜欢；他读高晓松，他感慨这般的犀利让人看得痛快，疼得彻底；他说张爱玲那句“长的是磨难，短的是人生”说得多好，但他不懂为什么短的才是人生；他说《红楼梦》的开头怎么可以铺垫得那么好，《石头记》连名字都孕育着美丽的色彩；他说晴雯“心比天高，命比纸薄”的总结太精悍，他震惊于一个人的一生可以单用一句如此悲壮的话语就做了总结。

陈振颂偏爱优美的文字，很多文章只需读一遍，其间的优美话语就能流利背出；他也爱书写，将生活中的情绪全部交给纸笔，尽情释放。

2008 年“5·12 汶川大地震”，悲痛至极的陈振颂撰文《蘸青春的墨 画美丽容颜——那忘不了的灾区之行》，这篇文章被新浪微博推到首页很多天。在文中，他写道：“何曾想那一抹记忆如此悲怆，何曾想那一抹记忆会成为永恒。连日来我每天行走在柴育村这崎岖的小路上，呈现在眼前的是废墟瓦砾，充斥耳边最多的是幸存者的哭诉。那撕心裂肺的痛楚让我们未曾经历过的人不由地感到伤痛和无奈，蘸上青春的笔墨，灾区人民啊！如今我多想再细细描绘你们的容颜。我始终坚信由来已久的信念催生的猝醒，必将重铸四川人民不屈的脊梁。一路走过，灾区的人和事早已幻化成为我心中的灯塔，指引我前行的坐标。”

九年时光挚爱交大

2011 年本科毕业时，陈振颂曾在毕业 E 册上撰文《交大，你是我的风景》，文末他曾发自肺腑地感慨：“在成都四年，每每外出，我时常迷路，不断地坐错车，并一再下错车，常常不知道自己在哪里，要去什么地方。可是，我却熟知你身上的每一寸土地，我对着天空微笑，对着大地歌唱，视线里只有你。因为，你就是我的风景。”

他说他对这土地爱得这般深沉，是因为它承载了他所有的经历和不凡。

2016 年是陈振颂在交大的第九个年头，在这里，他在学生工作中从懵懂的青年成长为有担当的人；他在新闻实践中开启了对文学的实践；他在实验室经历了第一次成果产出的喜悦；他在参加“三下乡”社会实践活动中感悟知识的传承；他在交大携手团队成员共同创办了院刊《团学快讯》以及新创文学刊《迹》，留下了无数美好的回忆。

陈振颂自觉无比幸运，能够在交大奋斗，在交大成长。九年的时光已经将“竢实扬华”四个字镌刻于他内心深处的每一处角落。无论学习、科研或者生活上有着何等困厄与艰难，他都坚信这一切正如一把利剑，终将会把怯懦者的棱角抹去，使勇者愈益成功。

博士毕业后，陈振颂计划出国继续深造，进入博士后阶段的探究和科研。而在那之后，他将回到祖国，回到母校，在这里将知识和“竢实扬华”的精神永远传承。

倾情爱这世界

——你怎么爱这个世界？

——我尽我所能去帮助。

陈振颂曾经历过一段苦难的日子。在最难熬的日子里，家庭本就较为贫困的他遭遇了弟弟两次被下病危通知书的打击，为了生计和求学，他曾经在学校各个机构勤工助学、在企业里实习兼职、做家教、发传单、在餐馆当服务生、使用过厕所改造的浴室，也在香港睡过大半年的办公室沙发。

李延来教授是陈振颂的博士生导师，在得知了陈振颂面临的困境之后，时常给予陈振颂经济上的帮助，使得他有机会在博士阶段潜心学术研究。对于帮助他度过了无数最艰难时刻的李老师，陈振颂是发自内心地感激。

或许是自己经历过太多苦难，或许是受到了导师的影响，陈振颂是感性的，他更懂得“爱”能够给予人巨大的力量，所以他不忍心看到别人历经苦难。

一天半夜，陈振颂从实验室回寝室的路上遇到一个八旬老人，夜晚的寒风将老人的身体吹得瑟缩起来。老人身上背着足有一米高的废品蹒跚而行，陈振颂看着心酸，出于对老人为生活打拼的尊重，他给了老人十元钱。

他对这世界“爱”的方式朴实但有力，他将“爱”融入行为的点点滴滴里，成为生活的一部分。

但拾荒老人故事的下文却出乎记者的预料。

“其实那老人最终很严厉地拒绝了我的帮助，他把钱还给了我。”

“你看，每一个人都有他前进的方式，他们都在倔强地前行，也都在爱着这生活和这世界。”

虽然有些时候陈振颂也想不明白，为什么生活中会有那么多艰难险阻，但大多数时候他是微笑着爱这个世界，他说夜再黑，心也要亮着。

在陈振颂的随笔《致最亲爱的几米》中，他写道：“亲爱的几米，每个人都有每个人的美丽，这是真的吧。我一直翘首期盼着，憧憬着自己的未来。所以等到了每一个晴天，我都会出去走走，晒晒棉被，也晒晒自己，晒出自己未来美好的一切。”

扬华研究生新闻中心记者 李诗瑶 报道//李相俊 摄影//陈人龙 编辑

黄毓芸

在交大这片钟灵毓秀之地，植杖而芸

照片由被访者本人提供

高挽发髻，朴素简妆，她轻倚而坐，知性而优雅。

她是温婉明媚、顾盼生辉的绰约佳人，也是拿下交大最高荣誉“竢实扬华奖章”的学术达人。见过她的人，都对她印象颇深，古典气质与其中国古典文献学专业相得益彰。她就是西南交通大学人文学院2014级博士研究生黄毓芸。

黄毓芸来自四川成都，是个地道的川妹子。锦官繁丽天下无，镜湖花影醉索扶。自幼在成都成长的她，曾无数次经过交大恢宏的校门。选择交大，选择中文，对她来说，纯粹是出于兴趣与缘分。激荡着一腔对古文的热爱，她在这片热土上张扬青春。

明眸善睐，柳絮才高

爱读历史类书籍的黄毓芸，尤其喜欢魏晋南北朝的历史，她特地买了中华书局点校版“二十四史”的魏晋南北朝部分，这是她的珍宝。她这样说道：“跟大多数人喜欢两汉史或明清史不一样，我最喜欢魏晋南北朝这段历史，有很多有意思的人和事，对一些奇闻轶事我甚是喜欢。你看电视剧的走向，以前多是取材于汉、唐、清这样大一统的时代，现在大火的几部电视剧像《琅琊榜》《兰陵王》《锦绣未央》，逐渐开始改编一些南北朝的故事了。故事有很多也很有趣，不全是杜撰出来的。”她目前的研究也主要是围绕魏晋南北朝正史展开。

黄毓芸的研究方向是中国古典文献学古籍整理与出版。可能大多数交大理科生对这个专业都很陌生，一听中文系，就以为是看看小说写写诗，其实不然。文献学是传统经史之学的门径和基石，对恢复古籍的本来面目、整理保护古籍有着十分重要的意义。

刚读研时的她最喜欢的课程就是《中国古典文献学概论》，这门课是中文系文献学专业入门课程。从这门课中她较系统地学习了古籍目录、版本、校勘、辑佚、辨伪等方面的知识，也深刻意识到古籍流传至今的不易。她说：“当然了，我们专业不能像理工类学科一样为社会发展做出实质性的贡献。但是从另一个方面来讲，古籍也是中国文化的一部分，文献是记录文化的载体，我们要了解源远流长的中华文化首先就要把文献整理好，要清楚哪些文献尚在流传，哪些已经亡佚，还有哪些是伪书，尽可能还原他们的真实面貌。”黄毓芸能时刻感受到身上肩负的文化传承之责任。

百载铁脊，唐臣起建

2013 年，她幸运地保送到本校读研，开始参与到交大校史的编写工作。

她的导师汪启明教授负责编写第二卷，即1920年至1936年的部分，这是交大十分辉煌的岁月，五老四少叱咤风云，材料的性质也适合文献学专业的学生进行研究。但在最初的时候，她还是没什么信心，“我们组是唯一一个全部由学生组成的小组，不像其他组有经验丰富的老师，我当时才刚刚本科毕业，很担心自己的能力不足。”

毕业那年暑假，她没有难舍的同学聚会，没有难忘的毕业旅行，而是来回于成都图书馆、成都档案馆，搜集校史编写的相关资料，她和她的同学将找到的资源分门别类，花了一年时间按照提纲撰写出了初稿。黄毓芸笑着对笔者讲：“现在看到的版本和初稿大不一样，一开始我们只顾着堆砌材料而疏忽了总结归纳，也漏找了很多资料。初稿很快就写完了，但老师和师兄不是很满意，提了一些建议，然后就是反复修改。有一年快过年的时候，老师跟我们讲‘这个事情做不好就不要回家过年了’，情形还是很严峻的。”

1920年到1936年那段历史已经尘封了很久，资料遗失了很多，比较匮乏。原唐山档案馆的资料所剩不多，所幸她们还是找到了当时刊发的一系列《唐院周刊》，编写校史时从上面采用了大量信息。终于，在她和老师同学们的共同努力下，经过不断地返工校正润色，用时三年，前后修改不下十稿，《西南交通大学史》成功出版了。能够以己之力为学校做出贡献让她倍感荣耀。

以前我们遇见难题总是埋怨自己运气不好，后来才体会到，做自己没做过的事情或许就会有成长，做自己没想过的事或许就是突破，做自己不愿意做的事情或许才能改变，做自己不敢做的事情或许才懂得承担。面对一道道难题，黄毓芸没有被打倒，她给出了一个个优秀的解，收获的是成长。

在整理校史的过程中，她对交大有了更为深刻、立体的认识，这也就成了《西南交大双甲子赋》的灵感源泉。春去秋来，本科就在交大就读的黄毓芸扎根这里已近八年。“观夫昔日胜状，莫不兴会淋漓；每览险衅之历，常感极而悲矣。”在母校120周年生日之际，她回望唐院百廿辉煌岁月，感怀交大多年栽培之恩，为母校送上了自己的贺礼——一篇气势磅礴、满含深情的《西南交大双甲子赋》。

朝斯夕斯，勤学不辍

学术之路，道阻且长，她始终明白在攀登知识高峰的路上没有捷径，唯有耐得住寂寞，不为外界纷扰所动才能有所成就。在学海泛舟的日子里，她有着自己的坚持。她谦虚地说自己也许是博士当中“最不专业”的了。多才多艺的她，每当学习到疲倦时，都会玩玩“唱吧”唱唱歌，或是练练古筝。

和大多数博士生早出晚归、经常熬夜不一样，黄毓芸在学习中最看重的是效率。她说：“首先，我坚决不熬夜，文科和工科毕竟有所不同，我们是一个长期作战的过程，是一个去读书、去积累、去思辨的过程，如果你一天两天学习得很猛，之后状态肯定就不会很好，又怎么能长时间坚持下来呢。其次，我习惯事先对要做的事进行规划安排，头一天晚上就要想好。对于学习，我特别喜欢给自己定目标，因为我们的工作就像学术的搬运工一样，需要一点一点地去完成，只有给自己定量的任务才有完成下去的动力。否则每天做重复的工作，你也不知道什么时候能做完。每天有目标有规划之后，按照目标很高效率地完成任务，自己既不会慌乱也能看到希望，有条理地处理每天的工作，很容易就可以完成一个大工作。”

确实，学习是需要讲效率和方法的，这比一味追求时间要有用得多。而每当她在学习上遇到困难的时候，人文学院的老师和同学都是她最坚实的后盾。“我一直觉得自己是一个特别幸运的人，在交大读研读博的日子里，我们人文学院的老师和同学总是让我很感动。我们中文系的老师有一个非常好的特质，就是无论你是不是他的学生，在请教问题时他都会说得非常到位，甚至有时会认真地一笔一画地修改，做出指导。”

在这样一个温暖的大家庭里，黄毓芸勤学勤思，取得了丰硕的成果。2013 年 9 月至今，她独立主持厅级课题 1 项，参与国家级课题 3 项，参与编写著作 5 部，完成学术论文 22 篇。获得博士研究生国家奖学金、唐立新奖学金。2015 至 2016 年她先后受邀赴美国佩斯大学、加州大学戴维斯分校、英国纽卡斯尔大学参与学术交流，与国内外专家学者热情交流学科前沿知识。在 2014 及 2016 年，她两度应邀赴台湾嘉南药理科技大学、台南大学参与学术研讨。坚实的专业基础和出色的文化素养让她自信地在学术平台上向外传递了交大新传人的声音，充分展现了交大人“竢实扬华，自强不息”的精神。

了解了世界的广阔与宏大，黄毓芸深切感受到知识的力量与价值。荣誉接踵而至，然而在她自己心中，她只是个“文献工作者”，她始终执念的是如何做好学术，于是选择了继续前进。2016 年，她荣获了西南交通大学最高荣誉——“竢实扬华奖章”，实至名归。

“人生本没有意义，追求人生意义的过程就是一种意义。看过去记录下来所有成长的疑虑，时至今日，我终于可以很笃定地告诉自己：人生真正的意义是在合适的年纪，恰当的时机做该做的事，顺其自然。不唐突冒进，不瞻前顾后，也不用左顾右盼，做好当下每一件事，路自然就会开阔起来。”

中华古籍浩若烟海，在历史的长河中，多少毁于禁令、战火，多少散佚他国，多少被后人掺杂伪造，又有多少重现人间？黄毓芸一直将还原文献本来面目、传承中华文化作为自己的一种责任，将兴趣变成事业，我想她已经找到自己的答案了吧。

愿每位交大人都能像她一样，承继“竢实扬华”之鸿志，心存“自强不息”之风骨，做一名中国学术优秀的传承者。

扬华研究生新闻中心记者 于洋 报道//于之楠 编辑

叶子萌

别人眼中的我不是全部的我

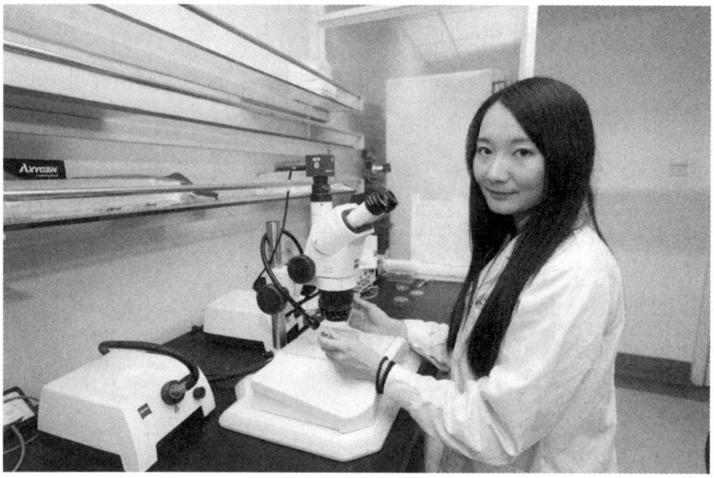

“有位同学厉害了，非英语专业但却过了英语专业八级，本科还没毕业就成为新东方最年轻的英语教师。”

“据说天天泡实验室，经常在九里校区一号楼做实验到凌晨一两点。”

“研究生入学考试初试和复试还都是专业第一。”

“重点是她是个女生。”

“更重要的是哈佛大学和墨尔本大学都有意向她提供Offer，因为出国留学恋爱八年的男友选择和她分手，说到这儿好像还哭了。”

“天啊，她是谁啊？”

“叶子萌！”

“竢实扬华奖章”评选期间，关于候选人的讨论已经刷爆微信群和朋友圈，当日下午生命学院 2014 级硕士研究生叶子萌，在硕士研究生中以第一的成绩获得西南交通大学“竢实扬华奖章”，关于她的生活经历和学术成就更是成为当时讨论的热门话题。作为科研人员的她也被迅速贴上“学霸”“牛人”“科学家”“女强人”“够胆量”等标签。那现实生活中的她真的如外界描述的那样，眼中只有学习和科研吗？放弃八年的感情选择出国，她又是如何做出割舍？非英语专业的她又是如何通过英语专业八级考试？这一系列问题让笔者心生一问：叶子萌到底何许人也？

当笔者阅读完所有候选人的演讲文稿时，唯独叶子萌的演讲内容有所不同，她的演讲文稿没有生涩难懂的科研专业词汇，也未单一地从自身的经历灌输式地讲述自己的学术科研经历和生活，通篇以温柔的语气，从受众感受出发，用排比句式，以“他们眼中的我……”为作为演讲内容每一段落的开头：

“他们眼中的我主研 6 项国家级课题和 2 项省部级课题，共发表 15 篇论文，包括 9 篇 SCI 论文，影响因子共计约 27 分。他们眼中的我，参加各种全国性会议，进行壁报展示和大会发言。他们眼中的我，在医学遗传大会上，作为最年轻的青年专家进行 30 分钟大会发言。他们眼中的我连续三年专业第一，获得多项荣誉和奖学金，包括唐立新奖学金、国家奖学金。2015 年赴香港短期交流，2016 年获得遗传咨询师资格证。他们眼中的我计划出国读博士，GRE 获得 331 的高分，托福获得 108 分，现在已经有哈佛大学，加州大学旧金山分校和墨尔本大学对我有招生意向……”

看来，叶子萌“学霸”“科学家”等标签并不是一时被贴上的，随着时间的积累，这样的标签已在熟知的人当中根深蒂固，尽管她也讲述了这些光鲜亮丽背后的点滴，但标签化的东西毕竟是别人所给予，它像一个孤立存在的条件，对探求未知领域不具备说服力，被标签化的人物也常会受其困惑：来去不自如，做事常束缚。这不由得使笔者心中再生一问：她如何看待别人眼中的自己？

面对诸多疑惑，同为新一代的青年，又同为女性，笔者想和她谈谈：她眼中的自己是什么样子。

“旅行远离喧嚣和浮躁，心中多是感激”是叶子萌在今年六月前往郎木寺时在微信上写下的话。叶子萌喜欢旅行，翻看她的朋友圈，高原、藏区似乎是她首选地，纯净的天空，静谧的湖水，辽阔的草原，可观的星海，肃穆的佛塔，神圣的经院，笔直的公路，飘扬的经幡，淳朴的民风……对她来说所看的一切都美到窒息，像上天的眷顾，又像是最好赠予，心存感激，满心欢喜。她喜欢旅行，出行方式以自驾徒步为主，到达的目的地多是驴友们知道且未被完全开发的川西藏区。她说那里会令她安静，不会多想平日的杂事和实验室项目，在川藏区她会感受到大自然的魅力，会不由自主地产生一种崇敬感。旅行会让她换一种角度看问题，跳脱出固有的圈子，再审视自己生活，放得下和放不下的都成为过眼烟云。

叶子萌的生活并非是像外界想象的一样全被科研实验充斥着。射箭和瑜伽也是她娱乐生活的一部分。射箭教练曾劝她从业余转为职业，因为她具备专业天赋。瑜伽是一项与心灵对话的修行，她会经常练习，每次一小时，呼吸转换中也当作是休息。射箭是算动，那瑜伽就是静了，“动若脱兔，静若处子”或许说的就是她。

“只有足够努力才会看起来毫不费力”。谈到叶子萌英语过了专业八级，大三时成为新东方英语最年轻的教师，大家都会情不自禁地啧啧称赞，然而这些浮在表面上的头衔的背后却满是岁月的积攒和沉淀。她说，在他人还在清晨的梦乡里，她早已起床对着镜子练习口语，在他人夜晚入睡酣甜的时候，她仍然挑灯夜战地背单词做习题，背单词的好几百张双面的草稿纸，她从来不舍得扔掉，因为它们见证了拭去的汗水和泪水。叶子萌喜爱看美剧，学习英语也是受其影响。刚开始看经典美剧《老友记》时，她边看边记，但往往会忽略情节，于是为了看懂这部剧，叶子萌来来回回看了六遍，也就是在这一刻喜欢英语的潜藏能力被激发出来。其实生活中会有很多同学为了学习英语去看美剧，也的确会在看美剧过程中忽略情节要素。在叶子萌看来，到底是为了娱乐看美剧还是为了学习看美剧，还取决于自身的需求和定位，才可以实现其价值意义。当笔者问道，你的生活中难道不关心八卦，全是学习吗？叶子萌则显示出同龄人少有的成熟：“明星的八卦我不感兴趣，小的时候可能会感兴趣，但是现在基本不看，不过对于周遭的朋友还是挺关心的。”

本科期间，叶子萌参与多项活动，身兼数职的她无法让专业成绩名列前茅，所以那时也并未想过会做科研。去新东方做英语老师，一方面是英语兴趣使然，另一方面是想成为一名教师。可是在教书过程中，她渐渐发现自己不适合做老师，时常会对自己所处的环境表示质疑。尽管如此，英语在她心中埋下的“美国梦”并未因此偃旗息鼓。本科毕业后的她本打算出国留学，奈何以当时的成绩并不能找到一个令她满意的学校，后来她细想，倒不如再给自己一段时间，国内认真研读三年，读博时再出国。仔细权衡后，她下定决心准备考研。当她向别人提出打算考研的想法时，别人并不看好，因为她的本科专业成绩并不突出，考研对她来说会是一次冒险。然而不服输的叶子萌并不这样认为，通过一段时间的积极备战，她以考研面试和笔试双双第一的成绩被西南交通大学生命学院录取。再后来她计划出国读博士时，GRE 获得 331 的高分，托福获得 108 分，实为厉害，目前已经有哈佛大学，加州大学旧金山分校和墨尔本大学向她递来橄榄枝。

积极的学习状态并没有因为考研结束而中断，她在最初参与四川省人民医院联合培养项目、从事眼科疾病的基础医学研究时，毫无临床医学背景，甚至不知道最基本眼部结构和最常见的眼科疾病。为了弥补临床知识的不足，她在一个半月里读完了临床学生需要学习一年的眼科学教材，在两个月里读完了实验室发表的全部 SCI 论文，共 116 篇。甚至会每天泡在实验室直到深夜，有一次做实验到深夜两点，楼下的保安以为实验楼里没人就把大门锁了，她在一栋空无一人的大楼里被困了两个小时。在学校，同学们每次在实验室看到她都是在跑步。因为在叶子萌眼里，时间非常重要，每次跑着去实验室是想早点把实验做完，抢先发表论文，尽可能成为第一发现人。

努力的人，运气都不差。研究生阶段连续三年她都是专业第一，获得多项荣誉和奖学金，其中包括唐立新奖学金、国家奖学金、2015 年获得赴香港短期交流的机会、2016 年获得遗传咨询师资格证。

是什么让叶子萌在研究生期间像发力的马达不停运转，又像雨后春笋般纷起而勃发？是当时考研时他人的否决让她知耻而后勇？

呵，那你把叶子萌想得有些肤浅了。这些都不足以成为一个长久学习的动力支撑。在整个访谈中，笔者能感觉得到，在学习上她能有如此大的动力，长期的坚持是不可缺失的精神要素，但更重要的是责任观念的树立和来自内心深处女性独立意识的呐喊。

叶子萌之所以会如此努力和优秀是想让自己过得更好。她说的是物质上的“好”吗？

不。她提到“过得更好”是指能在职业上受到更为公正的待遇，尽管现在大家都说男女平等，但真正的意义上的平等还并没有实现，自己有责任变得更优秀。她认为性别不应该决定你做什么样的工作，科学家就是科学家，为什么前面要加一个“女”字呢，这算是歧视。女性在找工作的时候，当站在同一个平台、与同等或稍低水平的男性竞争者竞争时，因为结婚和怀孕的原因，女性往往会处于弱势，有可能失去一份工作机会。照这样的趋势，叶子萌认为会有越来越多优秀的女性选择不生小孩儿不结婚。如果有一天她也被逼上这样的境地，她也会选择成为丁克一族。她转发的一篇推文，是关于清华大学教授颜宁在《开讲啦》的演讲稿《女科学家去哪儿了？》，文中这样写道：“科学家不应有男女之分，鼓励所有女性要遵从自己的内心，勇敢做自己。不论选择去做家庭主妇，还是选择去做文员，都是自己经过独立思考所做出的慎重决定，而不是屈从与家庭和社会的压力。”“我们需要让这个社会慢慢看到越来越多的女性可以成功。”叶子萌转发时写道：“人生的选择在于自由意志而不是社会压力。”

谈到女性的婚姻类的话题，就不得不会想起叶子萌在“竢实扬华奖章”评选现场提到的“八年的感情生活”。笔者问道：“你说到为了出国留学和相恋八年的男友和平分手时，你哭了？”叶子萌说：“哪有啊，在会场上，我说得很平静。刚说完为了出国留学，和相恋八年的男友和平分手，台下顿时响起一阵掌声，当时没有反应过来到底发生了什么，不过还是被吓到，那一刻我还是会有情绪的波澜，后来也发现声音有些哽咽，不过真的没哭。”

笔者又问道：“为什么你男友不等你出国留学回来，又或者和你一起出国留学呢？”叶子萌继续回答道：“我也问过同样的问题，可是有些事情你无法改变，就好比两个人爬楼梯，以同样的速度爬，爬着爬着拉开了距离，一个人在最上面一个人在下面，彼此都没有等，如果停下来再等对方，双方又会有一笔巨大的损耗，这对其中任何一个人都不公平。当人在爱情里面时，我们是看不清楚爱情的，而且感情这件事本来就没有想象中的那么脆弱。分开一年了，我也逐渐明白现在的我们谈的感情是很现实的。”

笔者再问：“那你父母知道这件事吗？他们如何看待呢？”叶子萌不厌其烦地答道：“当然知道。本来我们的感情从高中谈起的，那时父母反对，但我们关系还不错，现在父母不反对了，我们又分开了。有段时间父母也会叮嘱我的个人问题，但是后来他们觉得缘分是急不来的，找一个对我好的才是更重要。毕竟是八年的感情，我还是会怀念过去，不过对所做的决定不会后悔。对于未来另一半的要求，我觉得还是要找一个有相同爱好相同观点的人。”

叶子萌虽然现在不常在实验室，但是每天会有很多事情要做。笔者能和她相约见面实属难得。她说她有一块白板，会记录每天自己要做的事情，每天完成以后，会把它擦掉，若遇到不顺利的，会继续完成。有时候她会工作到凌晨两三点，过去的一年里，算下来睡眠时间平均每晚四小时。有时候白天会午休，练瑜伽也算休息，所以总的来说精神状态还是不错的。但是她并不建议同学以她为范本，她也会出现皮肤差、眼袋重的情况，她只是努力弥补未做完的事，不得不挤出时间来而已。工作时她也会发呆，把计划到哪里玩作为对自己的鼓励。

叶子萌不会把自己定义为“学霸”和“科学家”，她也会在科研空闲的时候看电影、刷微博、看美剧，她只是比其他人做事时更专注、效率更高而已。面对他人的专业上的质疑，她会选择用时间说话，等成果拿出来后，别人也无话可说了。叶子萌也从来不会刻意向他人炫耀自己取得什么样的成果，比如获得了“唐立新奖学金”，她只选择告诉了几个亲密的朋友，不会在朋友圈里公之于众。她也认为自己属于“韬光养晦”和“厚积薄发”那一类的人。

对于未来的自己，她有着怎样的期许？叶子萌谈到趁着年轻，父母身体硬朗，出去走走看看，留完学后就工作，不会一直做科研。她不希望自己成为人们刻板印象中那种很严肃又不食人间烟火的科学者，她更希望做一个优雅又知性的人。希望未来的十年，生活过得更精致、更有规律，更爱自己，而不是熬夜相伴。也希望未来的十年回顾当下，没有后悔。

“别人只看到了我的一两面，真正的自己只有自己才清楚！”这才是她眼中的自己。

“天下没有免费的午餐。”“谁也不会随随便便地成功。”“机会从来都是给有准备的人。”“好运从来都会眷顾努力的人。”“上帝为你关上一道门，也会为你打开一扇窗。”……这一系列的信手拈来的励志语言，在笔者看来，都可以一一在叶子萌身上得到印证。生活会给予人类最好的期许，也会施与最残酷的现实，没有谁会一蹴而就地完成所有的内容，但是会在时间的见证下创造最美丽的未来。

扬华研究生新闻中心记者 杨壹景 报道//郎晓玥 摄影//于之楠 编辑

李春胜

如果抑郁症都不能将我打倒

1938 年 6 月，第一本超人漫画出版。此后的大半个世纪里，这位穿着红蓝战衣的健美先生首先战胜了城市罪恶，接着战胜了核弹、外星异类、甚至其他的超级英雄。而对于李春胜，他战胜的第一个敌人，是自己的抑郁症。

鞍山往事

1994 年，鞍山，天色铁青。东北冬日里的严寒和萧瑟笼罩着这座重工业城市。

李师傅一手按着一根方木的一端，另一手拿着钢锯。他的眉头拧在一起，双眼紧盯着锯条和方木的交汇处。随着他的胳膊来回地抽拉，木屑在手边弥漫开来，锯条沿着一个齐整的切口将方木分为两半。他的右侧，一把半成品的木制椅倚靠在墙上，新木的纹理在椅身上清晰可见。

他转头看看自己身旁的不远处，一个虎头虎脑的小男孩一手拿着一个超人的模型玩具，一手拿着螺丝刀，正在全神贯注地将一颗螺丝从超人模型的底部旋出来。

李师傅仿佛早就预料到小男孩的这个举动，忍不住为自己对这个小男孩的了解感到自足和开心。但他马上找寻回自己长辈的威仪，用教训的口吻冲着小男孩说："春胜，叫你来帮我给家里做椅子，怎么又去拆你的玩具了？一天就知道拆拆拆，以后要当科学家吗？"

看到小男孩丝毫不为所动，依然紧盯着超人模型底部的螺孔，李师傅放下自己手中的工具，走到小男孩的身旁。

"去给爷爷把那边那块木头拿过来。"李师傅放缓语气，弯腰轻轻拍拍小男孩的后脑勺，一手指向一处码放着很多木料的角落。

小男孩仿佛得到了上级的指令，用孩童特有的充满稚气而又高亢的声音回答："好！"而后马上放下手中的模型和螺丝刀，跑向爷爷手指的地方。

李师傅直起腰，看着兴冲冲跑走的小男孩，嘴角露出宠溺的微笑。他很喜欢自己的这个 6 岁的长孙。

作为鞍钢集团的一个工人，李师傅完全将自己奉献给了祖国的建设事业。在工厂上班的时候，他总是早到，甚至会刻意压缩自己吃饭的时间。在家里，他会自己手工制作生活品，桌椅、柜子，他都会做。和新中国老一辈的所有工人一样，自力更生一直是他的信条。而当他的长孙来到这个世界的时候，他的心里，又多了一块柔软的地方。

他做什么都喜欢带着自己的这个孙子：读书、看报时教孙子识字，下象棋时教孙子动脑，做木工时也会让孙子帮着找木料。自己的这个孙子和自己真像，不管遇到什么问题，从来没怕过，总是能自己找到办法，唯一让他担心的一点是这个孩子太喜欢拆东西了。自己给他买的所有玩具，都被他拆过，甚至有一次，因为拆家里的录音机，他触电了，吓得哇哇直哭。

李师傅想让自己的孙子安分一点，像别人家的孩子那样，看到玩具的第一反应是玩儿而不是拆。但当他看到孙子在拆解玩具、探索这些机械内部时的欣喜与满足时，他又不忍去打断。

小男孩拿着木料回来，把木料放在爷爷手边，又跑回去拿起螺丝刀，拆解他的超人玩具去了。李师傅重新拿起工具，扭头看看小男孩，笑了笑，将钢锯架在新的木料上，轻声对自己说："也没什么不好。"木屑重新开始在他手边弥漫。

李师傅不知道，二十年后，在另一片大陆上，这个小男孩，将会"拆解"更大的东西。

李春胜上高中时，是老师眼中的"刺头"。因为他太喜欢提问题了。在赵老师所教的数学课上，有时老师讲解完一种解题的方法后，李春胜就会问为什么要用这样的方法，甚至会直接提出一种新的思路。赵老师喜欢学生提问题，但是在这个人人都广背题型、分秒必争的高考备考阶段，细究每一道题目里面的道理真的太耽误时间了。

赵老师和李春胜同学的矛盾最终还是爆发了。

那次上课，李春胜又揪着一道题目不放，非要问明白标准答案所给的解题方法的逻辑是否正确。赵老师不想再在一道题目上耗费太多讲课时间，她搬出了一个所有人都无法反驳的逻辑。

"答案这么给的你就这么做。你还想不想在高考的时候得分了？"

没想到李春胜丝毫没有退让，站起来说："如果是错的答案，那我宁愿不得分！"

李春胜终于靠着自己的执着将自己送到了老师讲桌边给"问题学生"专设的座位上。他倒是不以为然，在他心里，不管坐在哪里，对的永远是对的，错的永远是错的。

时间总是在不断地流逝，李春胜高中毕业了。李春胜已经想好了自己的大学志愿。他找准了一所大学，听说这所大学的机械专业很不错。他对自己未来的想法也很明确，完成学业，然后去设计机械，做自己的东西，创造出和别人不一样的机器，让世界因为他而有不同。和自己小时候的想法一样，当一个科学家。这一切，仿佛就近在眼前。

快要填报志愿的时候，李春胜发现在自己看好的这所大学里，有一门专业是排在机械专业前面的。

“去设计一辆汽车也不错啊。”李春胜心想。

那天，天气不错。李春胜在高考志愿填报书上写下：西南交通大学车辆工程专业。

无限战争

李春胜呆坐在寝室的床上，面无表情。他转过头，窗外夕阳的金光洒在树叶上，静悄悄的。时不时有一阵风吹过，树叶随风凌乱，光影斑驳，沙沙的树叶声让李春胜心烦意乱。

今天的早些时候，在医院的一间诊室里，李春胜静静地等待着。一声清脆的开门声打破寂静，医生拿着一个文件夹走进诊室，坐在了李春胜的面前。

“有结果了吗？是什么？”李春胜问。

“中度抑郁。”医生翻动着手中的诊断书。

“抑郁症？”李春胜追问。

医生抬起头，看着李春胜：“是的。”

李春胜拉回自己的思绪，他平躺下去，望着天花板。他从来没有想过自己会得抑郁症。幼儿园，他一直是班里运动会的主持人。从小学开始，他就一直是众人关注的焦点，勤学好问，成绩一直名列前茅。即便到了高中的叛逆期，他也因为不服老师的权威，喜欢刨根问底而为人所知。

在西南交通大学完成本科学业后，又在本校读本专业的硕士，5 年过去了，李春胜并没有过上自己曾经憧憬过的生活。他没有开始设计不一样的创新机械，更谈不上什么科学家。与他一起的同学们有的工作了，有的继续深造，他却开始迷茫了。

李春胜讨厌朝九晚五的生活，每当他想到自己以后可能会在一个岗位上庸庸碌碌地过完一生，他就非常恐惧。他始终觉得，前方有什么东西在等着他去完成，这条科研的路，像有一股魔力，让他无法抬动自己的脚从上面退下来。而且，从研一开始就很想经济独立的他，直到现在仍然依靠着家里的支持才能继续自己的学业。从小到大，他从来不会依赖别人，可现在，他的自信心在一点一点地瓦解。

这条科研路，继续走下去，对吗？如果不走下去，又该怎么做，才不会在平凡庸碌中了结自己的一生？

这样的问题像一台螺旋机，将李春胜深深地搅了进去。始终找不到答案的绝望和对未来的恐惧将李春胜吞噬。直到几个月前，李春胜发现自己已经无法支配自己的躯体，他无法说服自己走下寝室楼。他的身体本能地躲避着门外所有的人和事，意识更是抽离出身体，在一个躯壳后面瑟瑟发抖。焦虑感好像突然具有了质量，把他牢牢地压在下面。他觉得自己病了，应该去医院看看。

李春胜躺在床上，不知道该去干什么，但是内心深处的一个声音告诉自己，绝不能就这样仅仅躺在这里。他从床上坐起来，将双手握成拳头，深吸一口气，然后全身使劲绷紧自己的所有肌肉。当肌肉全部发挥出最大的力量不能再紧绷时，他松开双手，放松全身。一股新鲜空气灌进身体，身上仿佛注入了新的血液，李春胜轻松了许多。这是心理医生教他的放松和缓解焦虑的方法。

他用最快的速度吃了从医院带回的药，然后走到门口。他握住门把手，用上了比平时大几倍的力气，仿佛要把门把手捏碎。他想冲出去，但是那扇单薄的门外，仿佛是探不见底的黑暗深渊，只要打开这扇门，他就会一直坠落进绝望的黑洞。

李春胜放开门把手，他坐回床上，大口地呼吸。门外时不时传来同学来往的脚步声，刺激着他的神经。他看到自己的桌子上那些码放在一起的书本。5 年的求学经历，让他的案头积攒了不少专业课本。眼睛扫过这些课本，他就像回顾了一遍自己的科研生活：刚进大学、靠 CAD 制图赚到人生的第一桶金、想出自己的第一个课题……

深呼一口气，李春胜猛地站起，再次来到门口。这次，他没有给自己迟疑的时间，径直打开门，冲了出去。

数据在电脑屏幕上跳动，文献上密密麻麻的公式图表塞满李春胜的眼睛，就像实验室外面灰暗的黑白世界。李春胜不知道自己死磕这些文献的意义是什么，但他强迫自己，必须坐在电脑前面。他的全身每一个细胞都紧密凝聚在一起，共同抗拒着那一个个的文字，每调动起意识理解文献上的一句话，都要做极大的前期心理建设。这过程，就像每过一段时间都要用小刀刺一下自己，在那疼痛的短暂间隙，把一句或两句文献的语句插入自己清醒的意识里，然后等待下一个短暂间隙。

每当走出实验室，将公式图表抽离出双眼，李春胜都像漂浮在一个四周全部是黑暗的真空中，他本能地不敢乱动，只能蜷缩着静止。每时每刻，他都觉得自己站在生死的边缘，但他坚强地想活下去。医院里的那个诊室，仿佛黑暗中的一间亮着灯光的小木屋，李春胜每周都要挣扎着爬进去一次。

“我觉得，我逆流走在一条冰冷的河里。河床上全部是锋利的岩石。我每走一步，岩石都扎在我的痛处。但是我看不见水，也看不见岩石，我什么都看不见。冰冷的水和锋利的岩石无时无刻不在刺痛我，我该怎么办？”李春胜对于医生说。

于医生每周都会和李春胜聊天。他了解他的这位患者，和其他许多抑郁症患者一样，李春胜最需要迈过的，是“自己”这道坎儿。

“春胜，你把‘责任’看得太重了。你对每一件事情都要求严苛，太难为你自己了。”于医生说。

“怎么可能不看重，”李春胜苦笑道，“从我的爷爷那一辈开始，即便是做一把椅子，也要力求分毫不差，做到最好。对自己的任何事情，都要负责到底。我不想随随便便就把自己的人生交给一个庸庸碌碌的工作，我应该做更有价值的事，我始终觉得我的身上担着更大的责任。但我不知道，该往哪里走，该怎么走，这让我绝望。”

于医生叹了一口气，说道：“春胜，按时吃药，听听音乐。记得，一定要坚持运动。”

吃药、心理咨询、看文献、仿真、写论文，日子就这样一天天过去。李春胜开始听歌，并且拿起了网球拍，坚持打网球。每当抑郁开始蚕食他的生活，李春胜就会戴上耳机，反复地听歌，或者在网球场出一身汗。这是一场和抑郁症之间的战争，此消彼长，如果李春胜懈怠，他的身体、灵魂，都将被抑郁与灰暗侵蚀。

网球场上，绝望与黑暗从四面八方向他无限地逼近。李春胜就像站立在一个孤岛上，脚下立足的土地马上就要沦陷，自己就快要窒息。他使出全身的力气，每次挥出网球拍，就像一个置之死地的战士，挥舞出自己的长剑。滚烫的汗水模糊了他的双眼，却让他的头脑前所未有的冷静。一次又一次地重击，长剑到处，黑暗应声退散，却又从其他方向卷土重来。李春胜的肌肉开始兴奋，炙热的汗水开始变得冰冷，他紧握“长剑”，全力挥砍，向死而生。

有一天，李春胜突然发现，那一句句被自己嵌入意识的文献，竟然神奇地串联在了一起。一个个跳动的数据仿佛有了规律，一段段文献资料交织成一幅图景。自己的意识开始能够回归到自己的身体，李春胜重新体会到了久违的对自己身体和意志的掌控感。他开始能够自如地阅读文献、仿真数据。更让他惊喜的是，在科研的过程中，他仿佛重新体会到了自信的感觉。

也就是在这段日子里，李春胜获得了国家奖学金，并且顺利成了西南交通大学牵引动力国家重点实验室的博士研究生。李春胜的脚下不再是一座孤岛，他看到一束阳光刺破阴霾，光明开始显露。黑暗开始停滞、退散。李春胜觉得自己马上就能在与抑郁症的战争中取得胜利。

然而就在他进入牵引动力国家重点实验室以后，他的抑郁症病情加重了。

在医院的病床上，李春胜静静地躺着。此时的李春胜明白，这是一场无限战争，或许自己的一生都要和抑郁症抗争下去。或许他永远都无法取得胜利，抑郁会侵蚀进他的每一寸皮肤、每一节骨骼。但此时的李春胜同样想明白了另外一件事，一个久久以来折磨他的问题有了答案：科研这条路，自己一定会走下去。

无数的日日夜夜，当实验室外灰暗的天空和毫无生气的大地重回混沌，李春胜在仿真数据和文献资料中找到了让自己赖以生活的踏实感和自信。没错，这就是他想要的。李春胜看到了前方的光明，他向着有光的方向一路狂奔，冲出长久以来困住他的重重迷雾。出院以后，李春胜拿到了雅思7.0的分数，获得了CSC全额奖学金。

“我马上要去澳大利亚留学了。”李春胜把这个好消息告诉了于医生。

今天的诊室里不像往日那样冷冰冰的，可能是今天的阳光比较柔和。

于医生依然和李春胜面对面坐着，只不过这次两人都靠着椅背，不像医生与病患，倒像两个老友在聊天。

“不错，马上就是留洋博士、澳大利亚工程师了。”于医生笑道。

“我并不觉得澳大利亚工程师的名头怎么样。我在交大这么多年了，外国的东西并不一定就比国内的好。我这次去，也是要证明，我们中国工程师完全不输给他们。我要去，就要成为那个中心最优秀的博士。”李春胜说。

“加油，春胜。”于医生调整了坐姿，问道，“最近感觉怎么样？”

“没有再复发了，状态很好。”

“这次去澳洲，换了新的环境，可能要适应一段时间。你带半年的抗抑郁药在身边吧。”

“嗯。”

于医生重又靠在椅背上，说：“把网球拍也带在身边吧。”

李春胜笑笑：“那是当然。”

真理永生

一间简洁的办公室里，四处码放着资料和书本。西蒙教授像往常一样，在电脑上打开一份新近收到的论文。作为世界车辆动力学领域最高级别杂志 *Vehicle System Dynamics* 的审稿人，西蒙教授在车辆动力学领域有很高的学术修为。只大概看了这篇新近投递给杂志的论文一遍，西蒙教授就有了自己的结论。

他看了看论文的作者，是一个华裔的学生。这个年轻人的论文做得不错，可惜的是一开始基础的思路和方法完全错了。西蒙教授对论文中所探讨的课题需要用到的方法早已烂熟于胸，不用看第二遍，他就知道这篇论文的思路完全偏离了正确方向。

西蒙教授向杂志的编辑回复了自己的审稿意见，建议论文作者继续研究自己的理论方法，多做仿真检验，在技术上大刀阔斧做调整。在西蒙教授发出这份审稿意见的半年之前，李春胜走进了澳大利亚中央昆士兰大学铁路工程中心的大门。

在澳洲，李春胜从零开始，踏入列车在线健康监控领域的研究。澳洲的学术圈里，这一领域已经有了非常成熟的理论研究成果，而澳洲导师给李春胜的课题，是在现有理论的基础上，做一个理论升级，开发出二代产品。

为了完成自己的研究题目，李春胜开始阅读文献，做前期的文献综述。在阅读了大量的文献后，李春胜的思路越来越乱。现有解决方案中有一处逻辑问题，他始终想不通。最开始，他以为仅仅是自己没有找到线索，但随着他进一步检索查阅更多的文献，他发现，主流方向的所有文献都没有对这一问题给出合理的解答。

是主流方向错了？

李春胜从电脑前抬起头，看看自己办公室的四周，这可是澳大利亚最权威的铁路科研机构，这里的导师都是车辆工程领域久负盛名的学界泰斗，他们怎么可能会错？李春胜稳住自己的心神，重新演算了一遍文献中的方法逻辑。不对，就是有问题，这是一处漏洞！

按照现有的方法做，李春胜可以很顺利地完成自己的课题，顺利毕业，拿到中澳双博士学位，皆大欢喜。指出现有方法中的漏洞，自己开发出新的解决方案，且不说能否顺利完成自己的开发，即便开发出自己的方法，有人信吗？一个来自中国的毛头小子，初来乍到就推翻学界公认的真理，仅这份狂妄的态度就可以让他在学界“万劫不复”。

李春胜走出了办公室，他无法说服自己对这个漏洞视而不见。他拿着网球拍，来到网球场上。澳洲的空气清新怡人，夕阳下，球网在场地上拖出长长的影子。李春胜漫无目的地在网球场上踱步，随意地挥舞着手中的网球拍，他的身后，一条长长的影子和球网的长影交织在一起，纠缠其中。

连续一个星期，李春胜一直没有说服自己。每重新演算一次，他的心情就平复一些，直到后来，他变得平静安然。就算在澳洲导师的庇护下，用那个人人认可的真理轻而易举地完成自己的任务，那又有什么意义呢？闭一只眼，用无数人已经用烂了的常规方法完成自己的课题，自己一直以来的科研初心，又该如何自处？

一天，从网球场踱步回来，他坐在办公桌前，网球拍倚在桌边。他将双手握成拳头，深吸一口气，然后全身使劲绷紧自己的所有肌肉。当肌肉全部发挥出最大的力量不能再紧绷时，他松开双手，放松全身，一股力量在他的身体里蔓延。

如果真理不能使人信服，那就去找寻新的真理！

开发新方法的过程比李春胜想象的复杂得多。李春胜始终无法得出一套自己看来无懈可击的理论逻辑体系。他一直保持着早起的习惯，在早上自己思维最清醒的时间段里，思考逻辑问题。下午，李春胜开始做一些仿真工作，因为数据仿真这样相对机械的工作不需要耗费太多的脑力。但其实他真正的办公室，一直是网球场。

在网球场上，李春胜的思维是最活跃的。他挥动着手中的网球拍，就像战士挥舞一柄长剑。在一条只分对错的学术峡谷里，纷繁复杂的线索和千头万绪的逻辑伸展出粗壮的枝干。它们交织缠绕在一起，盘根错节，蔓延在整个峡谷。李春胜斩断禁锢自己双足的藤蔓。他知道，正确的方向只有一个。峡谷里，他左冲右突，挥剑斩断横亘面前的枝干藤蔓，向着自己认为正确的方向一点点迈进，在一片混沌中厮杀出光明。

当汗流浃背时，他的脑子里往往已经充满了想法。此时，他会回到办公室，在办公桌前把自己的这些想法记录下来。然而这次，在开发自己新的解决方法的时候，李春胜觉得自己走进了死胡同，无论如何拼杀，始终找不到出口。无数次他想砸了自己面前的电脑，但是不服气的劲头撺掇着他拿起桌边的网球拍，冲进网球场，在那里宣泄自己。冷静下来之后，李春胜又重新坐回电脑前，从头再来。

一天，像往常一样，李春胜在网球场上散步，随意地挥着手中的网球拍。今天的网球场好像有点不一样，又说不上来哪里不一样。李春胜漫无目的地走着，不知不觉，竟然走出了网球场。当他回头看时，网球场已经在他身后很远的地方了。

突然，一个想法击中了他的大脑，盘根错节的重重线索仿佛被放入了流动的水流中。一切都豁然开朗了。

“通了，通了!”李春胜奔回办公室，开始复盘自己的整个方案。

在学校一次例行的分享会上，当李春胜展示出自己当前研究内容的PPT 时，澳洲导师科林教授的脸色变了。他没想到自己这个刚刚入学的中国弟子如此大胆。分享会完成后，科林教授叫住了李春胜。

“李,如果你觉得我给你的这个题目有点难的话,你可以换一个题目做。现在，你所做的工作，思路和方法不对，我担心你完不成你的课题。”科林教授对李春胜说。

“我相信自己可以完成，老师，给我时间。如果您看过我的完整的新的方法，您会觉得我是对的，我相信这一点。”李春胜回答。

当李春胜开始着手实现自己的逻辑，设计研发车辆系统中的自协助系统时，他与导师之间的问题开始变得有些棘手。工程中心的导师们开始在学术上向李春胜抛出各种各样的质疑和问题。相同类型的问题，李春胜在研究的过程中早已问过自己许多遍。在学术讨论中，李春胜一一解释导师们提出的问题，即使有时候与导师针锋相对，李春胜同样据理力争。

在李春胜的世界里，学术交流，是两个平等的灵魂在碰撞。在他的心里，做科研，很多问题之所以没有解决，并不是方法不对，或者设备不行，而是因为方向不对，这个世界需要不一样的声音。

在一次次的学术辩论中，李春胜始终没有被找出逻辑漏洞。相反，他的自协助系统理论在一次次的验证和辩论中，日臻完善。当 *Vehicle System Dynamics* 杂志“在技术上大刀阔斧做调整”的论文审核意见传达时，李春胜决定，顶着被拒稿的风险，继续采用自己的逻辑思路，不做大的修改，只是在论文中加入更多的论证和技术细节佐证自己的观点。

李春胜不准备迎合审稿专家以求自己的论文顺利发表在 *Vehicle System Dynamics* 杂志上，他要用自己的论文说服审稿专家。

科林教授对李春胜的论文情况很关切，前后共有七次，科林教授问李春胜是否要更换课题，李春胜都拒绝了。李春胜打开电脑，他要给科林教授写一封邮件，继续说明自己新型方案的正确性，同时表明自己坚持下去的决心。双手落在键盘上时，李春胜回忆起上次回国，和自己国内的导师罗世辉教授的一次长谈。

“春胜，很多人，读了很多年书，但是只能算是一个读书人，却不是一个文化人。古圣先贤的气节与品质，在现在的很多读书人身上是看不到的。如果你觉得你的想法和追求是对的，就去做，不要退缩。我支持你。”罗世辉教授银白色的头发梳理得一丝不苟，精致的眼镜上映着他眼睛里的神采。

“如果是古圣先贤，他们在我现在的处境里，会怎么做？”在邮件的结尾，李春胜想写一个故事，一个古代的欧洲学者为了推翻旧有的理论而献身的故事。最终他斟酌再三，没有在邮件中写这个故事。自己的行动，已经能够证明一切了。

科林教授看着眼前的这个年轻人。在他的眼中，此时的李春胜，还是像之前那样，眼里满是固执。

“李，我收到你的邮件了，也了解了你的论文，你还是不肯更改你的方法吗？”科林教授问道。

“是的，教授。”李春胜不假思索地回答。

科林教授看着李春胜，思考了几秒钟，舒了一口气，说道：“你知道吗，李，在古时候的欧洲，有一个叫布鲁诺的人。他认为，世人都认为的宇宙中心——地球，其实并不是宇宙真正的中心。当他向大众传达这一观点时，大众把他当作异教徒处死了。但是现在，看看谁还会说地球是宇宙的中心呢。”

“按照你的想法去做吧，年轻人。”科林教授交叉起自己的双手，看着李春胜，认真地说。

堆满文献的办公室里，西蒙教授打开自己收到的论文。这是那份他驳回的论文的修改版本。他认为会和之前无数次的二次审稿一样，所有他指出的问题都按照他的想法被改正。他只需要再给出一些细节上的微调意见，这篇文章很快就能符合要求。

然而当他看过一遍文章后，他的脸色迅速阴沉下来。他又仔细阅读了一遍论文，这次，他的眉头皱在一起，开始逐字逐句细细琢磨文章中的一些章节。

西蒙教授拨通一位同是此领域权威的好友的电话：“那篇李春胜的论文，你觉得怎么样？”

电话那头一阵短暂的沉默后传来声音：“我觉得，里面所讲的东西，值得研究。”

当李春胜接到“技术小修，丰富仿真数据”的论文审稿意见时，他明白，自己的成果被认可了。他说服了审稿专家。

那天晚上，李春胜坐在电脑前，在空白的文档上，写下了一首诗：

不难，不难

绝崖争百尺，吾辈敢当先。

不坠青云志，危难心益坚。

只三个月的时间，李春胜先后在 *Vehicle System Dynamics* 杂志上发表了 2 篇 A++论文。审稿专家给李春胜的论文给出了“A well-written paper”的评价。在许多高水平的国际会议上，李春胜对自己的成果做了报告展示。他全新设计的自协助系统用 2 个车体加速度传感器，解决了其他系统 6 个传感器都无法解决的问题，给他国内国外三位导师的研究团队，开辟了一个全新的研究领域。国际动力学协会主席 Hans True 教授听过他的报告后，对他说："年轻人，你做的东西，我很感兴趣。"

教授办公室里，科林教授和李春胜面对面坐着。

"李，祝贺你，你已经圆满完成了你的学业。你可以回国了。"科林教授笑着对李春胜说。

"谢谢您，教授。"李春胜同样笑着回答。

"对了，李，中心新来了一个博士，做硬件方面的研究。"

"硬件方面？"李春胜问道。

科林教授依然笑着："是的，和你的理论研究相关的硬件研发，你们可以多交流交流。"

李春胜笑笑说："没问题，教授。"

新的开端

"师兄，你准备摆一个怎样的姿势拍这张照片呢？"

西南交通大学牵引动力国家重点实验室前面，扬华研究生新闻中心的摄影记者高畅问李春胜。

牵引动力国家重点实验室这幢红色的建筑伫立在成都冬日特有的湿冷空气中，像一团熊熊燃烧的火，向四周辐射着它的温度。"竢实扬华奖章"候选人的宣传照，李春胜选择在这幢建筑前拍。

回国以后，李春胜的科研成绩，让他获得了西南交通大学学生个人的最高荣誉——竢实扬华奖章。此时，距李春胜第一次踏入交大的校园，已经快 12 年了。本科、硕士、博士，12 年的时光，12 年兜兜转转，绕过大半个地球，他又回到最初的起点。

不时有风吹过，树叶被风撩动，发出沙沙的声音。多年以前，这样的沙沙声让他心烦意乱。此刻，他的思绪却飘得更远。

"你知道吗，师弟。"李春胜解开自己衬衣的上面几个纽扣，"在我小时候的某一天，我拆过一个超人的模型。那天，也是个冬天，但是，比今天冷。那时我很喜欢超级英雄，我很想看看超级英雄的身体构造是什么样的，我也想像他们一样去战斗。当我站在牵引动力国家重点实验室前面的时候，我特别踏实。在这个时候，我会觉得，自己就是个超级英雄，能够在这个实验室强有力的支持下，追求自己想要的东西，做出改变，或许可以改变这个世界。”

李春胜转向摄影记者的镜头。他的身后，“牵引动力国家重点实验室”11个大字高悬在红色建筑外墙的上面。他扯开自己的衬衣，一个超人的标志展露在他的胸前。雪白衬衣下，超人的红蓝紧身衣仿佛和李春胜融为一体，火红的S字母像一团燃烧着的火焰，发出耀眼的光。

超人胸口的S，是一个很简单的英文字母。但是在距地球27.1光年位于南天星座乌鸦座的那个名为氪星的星球上，“S”代表着希望。高畅看着眼前这个健壮的师兄，他仿佛马上要腾空而起，胸前的S字母和身后的红色大楼融为一体。高畅举起自己的相机，他把焦点对准了那个火红的S字母，对准了那冲破一切的无限生命力和希望。相机一声轻响，这一刻被永远地定格。

学校报告厅的外面，李春胜来回地踱着步。

报告厅里，坐着二十多位评委，“竢实扬华奖章”答辩正有条不紊地进行着。

此刻，李春胜依然将网球拍带在身边。他漫无目的地踱着步，时不时挥动着手中的网球拍，模拟着击球的动作。他知道，在他的面前，还有一段更长更远的路，等着他去探索。

灯光下，网球拍闪烁着锐利的光，像战士手里的长剑，熠熠生辉。

（本文根据李春胜博士真实经历撰写，文中部分人名为化名）

扬华研究生新闻中心记者 聂源 王喆 报道//高畅 摄影//于洋 罗琦佳 编辑

王筱药

这人生，我只看脚下的路

本科毕业与“竢实扬华奖章”失之交臂，而今天她又再一次站在了这里。研究生三年，她终于明白了竢实扬华的含义。

门外的她

今天是2017年11月10号，评选“竢实扬华奖章”答辩当天。天空中乌云沉沉，路上人行色匆匆。

十几位研究生候选人，被安排在一间会议室等待。大家或坐着或站着，又倏然陷入一阵死寂的沉默。墙上的时钟滴答滴答走着，却像令人窒息般得越来越快。评选在即，会议室的气氛有种越发凝滞的焦灼。

身着灰色西装倚墙沉思的姑娘就是王筱药。她不时望向门口，却总觉得门外像是传来了一阵脚步声，仿佛下一秒门就会被推开，然后有声音响起：“下一个，外国语学院王筱药。”

临近答辩这几天，这个镜头在她梦中重复放映了好多次，又和五年前记忆深处的场景重合起来，渐渐分不清现实与梦境。

其实，这是她第二次参加竢实扬华奖章的评选了。

五年等待

上一次王筱药参加“竢实扬华”奖章评选是在大四的时候。

那时的她，已经是外语学院最优秀的毕业生。专业成绩保持年级第一，德语通过八级，再加上修了德语和工商管理的双学位，这些就已经足以让大多数人望尘莫及。而除了优异的学习成绩，她还是外国语学院的学生会副主席，屡获优秀学生干部称誉。这是相当漂亮的履历了，可惜最终还是没能获奖。

“那时我可能就是个成绩很好、课外活动不错的学生，完全没有达到为学校做出突出贡献的高度。而现在回想起来，才知道真正的“竢实扬华”精神并没有我当时理解的那么简单。”

五年后再次有机会在这里答辩，她已经完成了从德语专业向英语翻译专业的华丽转身。研究生阶段，她依然是专业第一。不过这次，她有了更多的底气。

再次登峰

“下一个，外国语学院王筱药，请准备一下。”

这次王筱药是真的上场了，用纤细的手捋平自己的衣物上的褶皱，却因分不清是激动还是紧张而微微颤抖。在十几双目光的聚焦注视下，一步步地，她走向最中央的演示区。

她开始介绍材料，从优秀研究生标兵到国家奖学金，从考过 UNLPP 一级口译、一级笔译到外语学院建院以来第一个通过 CATTI 二级口译和二级笔译。大屏幕上铺满了鲜艳的获奖证书，一页一页翻得飞快。

五年前她与“竢实扬华奖章”失之交臂。今天，她终于来到了不曾进入的答辩场，却恍然觉得一切陌生又熟悉。王筱药朱唇轻启、嘴角微扬，用着尽可能温柔平稳的语调，陈述着种种经历，纵使极力表现镇静，内心的暗潮涌动却仍是抑制不住。

大脑飞速运转，她的七年求学之路伴随着演讲一一回闪。那第一次接触到英语翻译的场景就如存放在玻璃球里的昨天，还清晰可见。

一见钟情

她和英语翻译专业相遇，虽说偶然，但却是一见钟情。

自从她接触到英语翻译后，就像一个智慧勇敢的探险家拨开丛林藤蔓发现了一条逶迤神秘、通往古代遗迹的路。她的探索热情挥洒在这条路上，每一步踩在不同的泥土上所带来的丰富的细节变化，让她感到一种非常新奇的感觉与酣畅淋漓的开心。

她是极其专注地在走好每一步路，就像一个认真到学不会偷懒的孩子，只会踏踏实实步步前行。

她说，犹记有一门课程要学习 FIDIC《施工合同条件》翻译，里面涉及的工科专业概念实在太多太艰深。别人选择草草完成作业的小段翻译即可。她也读不懂，可她却硬着头皮把整个中英译文全部背下来。而当她发现英语翻译专业只设了笔译方向，口译的课程很少，王筱药毫不犹豫地开始了自学。她永远比别人多出很多事情要做，因为她是在探索。

她就是这样活在一种完全纯粹的状态里。

水到渠成

到了研二，她尝试性地参加了一些比赛，结果她自己都未想到——2017 年 3 月，参加“通译杯”四川省翻译大赛，获得冠军和年度口译之星；紧接着参加中西部外语翻译大赛，又获得口译一等奖、优秀笔译奖；2017年4月，参加全国口译大赛，得四川赛区第一；5月，西南赛区第一；6月，斩获全国的团体二等奖，个人二等奖。短短时间，连获大奖，捧回的奖杯屡屡刷新了交大学子的最好成绩。

好消息一个接一个传来时，每个听到的人都会感慨，这就是“学神”与普通人的遥远的差距吧。但没有人知道，每次为了准备比赛，她都会度过异常繁忙的准备期。即使春节外出度假旅游，她每天依然坚持四五个小时的练习。

因为她是那种人——认准了一个目标，就绝不会放弃。

特殊的标准

在答辩的PPT上，王筱药专门陈列出来了自己的几十个线圈本和几十个G录音的照片。现场所有人都对这张照片印象深刻——这张简单的照片的背后记载着她勤奋的过往。对王筱药来说，练习翻译，稍有不对，就会再次反复，直至完全清晰。为了一句话、二十几个词而花费上一晚上，这种时候并不鲜见。

“王筱药的标准”就是精益求精到了一种吹毛求疵的地步。还记得在以学生身份参加教育部人文社科青年基金项目的第一主研工作时，项目的质量要求是很高的，为此她用键盘的向右键一个字母一个字母地敲过去核对检查，并且反反复复、不厌其烦，这将近八万余字，她最后已然不知看了多少次。

而她做英语翻译这么久，对待她遇到的每一个英文和汉字，其实都是如此。

她的聪明

这种坚持不懈、精益求精的特性，我们无从讨论其究竟源自人格中的毅力，还是由锻炼而累积。但可以肯定的是，正是在交大，王筱药的这种灵魂特质得到了极大的熏陶和感染。

她看到了无数人在学术的漫漫长路中上下求索，她看到了总有这么一群平凡又不凡的人，在坚守心中的信仰。所谓的严于律己，热忱负责，完全不是冰冷的口号。因为在交大这样崇尚低调踏实的校园里，你可以真切地感受到。

王筱药或许自己都未察觉到，自己对这个世界观察得很仔细。看到导师为自己修改批注时那么用心，她就会觉得自己必须做到更加精细。看到老师对教学抓得很严，她会总是用老师严谨负责的态度来格外督促自己。

她总是说自己就是一个本分听话的学生，没有太多的想法。但其实，她的严谨，就是一种最大的聪明。

她的交大态度

交大七年，数千个日日夜夜，无数的人和事刷新着她的人生态度，改变着她的人生命运。在这条未知路上，她并非踽踽独行。榜样的力量有如火把，在她的潜意识里种下了难以估量的勇气。于是她踏踏实实，时刻以最严苛的态度要求自己成为一名最优秀的翻译；于是她跋山涉水，从未怀疑过这每一步的意义。

站在答辩现场，王筱药在讲述到交大带给她的人生启发时，坚毅的神色仿佛浸透着力量——“还记得戴若愚老师说，‘我们交大人修建的铁路、桥梁在世界任何一个地方都是最好的。绝对不能因为你们的翻译失误而造成任何不利影响。’而这句话也成了我在翻译实践中的标准。”

她的声音回响在庄严的会议室中，金声玉振，句句铿锵。

她的“竢实扬华”

直到从场上退下来一会儿后，王筱药依旧没回过神来。她未曾察觉，自己的手心已微微沁出了汗水。

这仅仅五分钟的答辩，她就像是溯游而上，心头掠过了在交大的七年时光剪影。等待结果的时候，她仍然是站在那里。时钟的滴答声再次在空荡荡的世界中回响，越来越慢，越来越慢，一切都快要凝固了。这个世界星河倒转，日月逆行，梦境与现实交叠几许。

仿佛有穿越时空的诘问在她脑海中被不断放大，“竢实扬华”精神到底是什么呢？而她恍然发觉，五年前她有可能用一百种方式来解释，而到今天，她会深深思索，她会匮于言语，却终于知道了该用什么方式来践行。

直到宣布票数的声音打破她的思索——“外国语学院，王筱药。”

今天是 2017 年 11 月 10 号。

今天是无数光阴中，最独特的一天。

因为有一个走在一条长长路上的，小小的人，今天看到了那么辉煌伟岸的灯塔。

而它的光亮，正如同梦里面一样。

扬华研究生新闻中心记者 何梦琳 报道//曹奉鄂 摄影//于洋 编辑

徐海岩

荒漠中，一株仙人掌的绽放

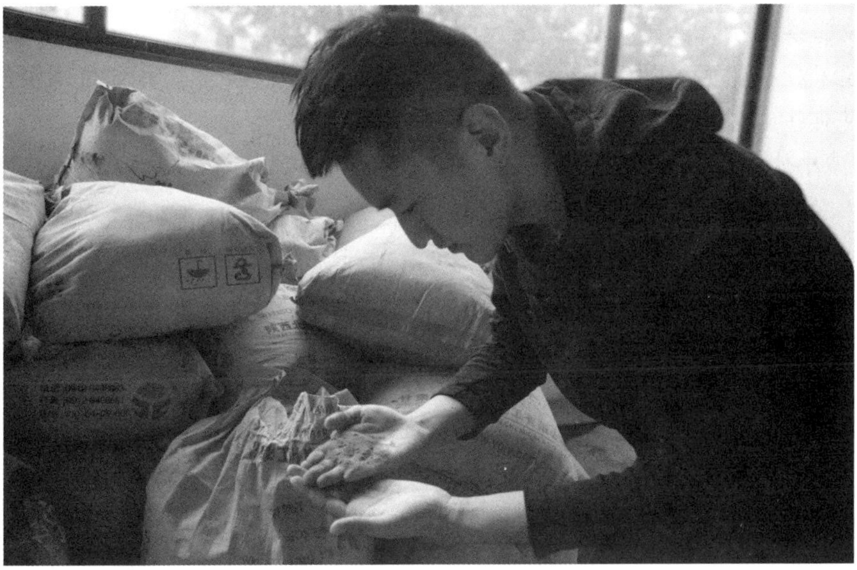

这个世界上缺的不是完美的人，而是从心底给出的真心、正义、无畏与同情。

他的旅程

我国西北，渭北诸山与黄土高原交界处，正午，无风。

自西安向北 100 千米至此，地势渐渐拔高，群山绿意渐退，山间小路蜿蜒盘绕，一辆汽车在其间穿梭行驶。“绕过前头这座山，就是咱黄土高原咧。”司机师傅操着一口陕西土话低声念叨着。汽车后排坐着两个年轻人，一个年轻人静静靠在座椅上，思考着什么。他的同门老陈坐在旁边，兀自闭目安睡。

年轻人低头看了一眼手机，依旧出于“无服务”状态，顺手将手机揣回口袋。这是他来陕西省榆林市出差的第一周，从事隧道与地下工程专业的他，每每出差的环境大多在都市之外的崇山峻岭之中，所幸他也习惯了这匆忙的奔波。

沿着公路穿过两侧逼仄的山岭，他们驶入了一片较为平整的塬台，视野渐渐开阔起来，车窗外黄土高原的腹地在他眼前悉数展开，沟壑纵横，丘陵峁梁交错，目光所尽之处，竟无一丝人烟。汽车在笔直的公路上奔驰，扬起了积在路面上的黄土和沙粒。醒着的那个年轻人透过车窗向外望去，一时有些出神。

“小伙子，头回来咱黄土高原吧？”师傅从后视镜看着他说道。

“好荒凉的地方。”年轻人喃喃感慨。

“再过上两个小时，等咱路过那一片子沙海的时候，那才是真真儿的荒凉嘞。”师傅顿了顿，接着说道，“嘿，就只有仙人掌肯活在那地方上。”

年轻人被眼前“荒凉”的景象吸引住了，兴奋地掏出手机，想要记录下这壮丽的画面。突然，手机信号格渐渐满起来，一条条消息接二连三地闯入了他的视野。“海岩，学院推选你为‘竢实扬华奖章’的候选人，希望你可以好好准备。”诸多消息中，导师王志杰老师发来的消息显得尤为醒目，他一时有些怔忡，愣在了椅背上。

他叫徐海岩，土木工程学院 2016 级桥梁与隧道工程专业硕士研究生，年纪轻轻的他，在读完研一之后，顺利直博。汽车颠簸着行进，在交大的这五年求学之路，一帧一帧在他脑海中绽放开来，记忆就像搭乘上了时光机，兜兜转转间，回到了五年前。

他的初心

徐海岩同土木的结缘源自高考完填志愿时的误打误撞。“心心念念一身帅气军装却未能如愿”，他与部队擦肩而过。读书时被茅以升与林同炎先生的事迹深深震撼的他，最终求学于西南交大的茅以升学院。并在大三划分方向时，选择了土木工程学院的隧道方向。

凭借着对隧道专业真诚的热爱，徐海岩在本科阶段稳扎稳打，顺利获得了“四川省第一届结构设计竞赛”隧道工程组一等奖、“第十五届土木科技月隧道工程组二等奖”等奖项、茅以升科学技术奖——铁道教育希望之星、茅以升学院个人最高荣誉“唐臣奖章”等一系列荣誉，并顺利成为免试研究生，在王志杰教授门下攻读桥梁与隧道工程专业硕士研究生。

在徐海岩的意识里，挖通隧道并不是一个太过艰难的过程，但要将隧道打造得内实外美却并不容易。作为专业领域入门人员的他深深明白，只有在广泛涉猎的同时精耕细作，才可能实现贯通山河、交通天下的梦想。

时光缓缓流逝，这一步步踏实的脚印最终凝成为了他笔下的一篇篇论文。研一短短一年的时光，他共发表学术论文 12 篇，其中 A++级论文 1 篇，A 级论文 2 篇，CSCD 论文 4 篇，B 级论文 5 篇；在审论文 5 篇，其中 A 级论文 3 篇，B 级论文 2 篇；除导师外以第一发明人授权专利 1 项；成为唯一一名代表西南交通大学参加“2016 全国土木工程研究生学术论坛”的 2016 级硕士研究生，同清华大学、同济大学等国内土木专业知名高校的学子同台竞演，一路披荆斩棘，最终荣获论坛最高荣誉“优秀论文奖”。

对他而言，高水平的论文发表委实是一件不简单的事情。从初审到外审，一篇文章有时会被退回好多次，伴随着退稿的，是专家们从格式到内容提出的各项意见。也正是这一次次的磨炼，徐海岩对论文撰写也逐渐有了自己的心得体会。而隐藏在这一次次坚持至凌晨的实验与研究背后，正是他对隧道行业的拳拳真心。

他的抗争

陕西省靖边县，毛乌素沙漠边缘，下午两点，烈日灼灼。

去往榆林市的公路上，一辆汽车抛锚在路边，发动机盖是开着的，司机师傅弯着身子正在修理。徐海岩走下车，望着眼前的苍茫沙海。老陈正站在汽车后边不远，似乎是在观察有没有车辆驶来。此时已是下午两点，阳光最是炽烈。

极目远眺，米黄色的细沙层层堆叠起来，经大风之手精雕细琢成一道道沙梁，如同渺渺波痕在宣纸上慢慢地晕染开来，向远方延伸。更远处，一座座沙丘缓缓地抬升，形成了陡峭的沙壁，似乎还在这沙海中缓缓流动。沙脊的线条，飘然蛇形，隐入大漠深处。他略一低头，发现在沙土交界处，孤零零地生长着一株仙人掌。

偌大苍穹，黄沙漫天，在这没有微风轻抚，没有雨露滋养的地带，生灵们都好像失去了踪迹。这一切像极了自己即将抵达的地方。黑黢黢的隧道、飞舞的粉尘、泥泞的路段，以及荒无人烟带来的难以排解的孤独。但就在这样的地方，眼前这株仙人掌兀自生长着，像是一位踽踽独行的戍边战士，默默地同这天地抗争。

徐海岩望向面前这株屹立不倒的仙人掌，思绪翩跹飞舞，回想起了自己第一次下至隧道工程一线的日子。

2014 年的夏天，即将大三的徐海岩主动向王志杰老师请缨，希望跟随师兄们一同前往攀枝花隧道一线调研学习、并参与现场试验。

连绵起伏的群山、葱葱郁郁的芒果园、鸣声不绝的知了、夜晚连绵的雨声，徐海岩躺在床板上静静地听着窗外的一切。第一次来隧道现场，难以抑制的惊喜推着他不断向前，对求知的渴望支撑着他面对可能存在的一切阻碍。

隧道施工不同寻常，深夜进行亦是常态。从深夜九点至次日凌晨两三点，隧道内点亮的两三盏大功率的白炽灯就是他们最安静的伙伴。隧道工人同普通的工人并不完全相同，他们不仅对自己所负责的部分谙熟于心，同时对隧道中其他工种也均有所涉猎，必要时可以直接顶替。在这日复一日下到一线的磨砺中，一位隧道工人给徐海岩的内心带来了深深的震撼。

那是一位叫老张的工人，拘谨，不善言辞。也许是承受了太多的苦力活，他的两鬓已染上星星白发，像秋日里的第一道霜。他的脸颊瘦得微微凹陷，脖颈上被岁月刻下了淡淡的年轮。沉默寡言的他，每每佝偻着身躯同工友们搬完钢筋后，总要一个人靠着隧道壁弯腰咳嗽，休息良久，似是将要被这黑暗的隧道压垮。每当工友们聚会闲谈时，总能看见他独自一人席地坐在一旁，从怀中摸出一支烟，烟雾缭绕。他鲜去同别人搭话，唯独聊到家中的儿女时，他那原本干枯的眼睛会霎时闪过光亮，立马打开话匣子，同工友们分享在川大念书的女儿的日常。

为了赚更多的钱供女儿念书，为女儿提供更加优质的生活，这位勤劳朴实的隧道人，已经被大山困住了三年。这三年里，支撑着他肩扛钢架、手握锚杆与焊条一步步走来的，无非都是电话里女儿那一声声的问安。但隧道内四处飞舞的粉尘、电焊运作时蹦出的火星、脏乱差的卫生环境，无一不在慢慢侵蚀着他的身体。那一声咳嗽声，也让徐海岩对这位工人的身体状况深深担忧，仿佛让他看到了父亲辛苦劳作的身影。他告诫自己，自己做科研和工程，一定得守住本分、做出成果，为国家和社会做出贡献，也为千千万万奋斗在一线的工人创造幸福、减小伤害。

他的担当

半个小时过去了，并没有一辆车经过这里，这篇浩瀚沙海安静得仿佛只属于他们三个人。徐海岩望向面前这株仙人掌，略一凝神，走向前。

那是一株怎样的仙人掌啊！它独自扎根在这贫瘠荒凉的沙漠地带，挺立着。在这片荒漠里，仙人掌像勇士一样抬着头，默默地亮着自己的利剑，无畏无惧，顶着风沙，野蛮生长，为这苍黄的大地，带来了一丝绿意。

曾经的这片荒漠，是什么样子呢？他闭目想象着。沙丘翻滚，大风席卷起颗颗沙粒冲撞天宇，沙柱擎天遮日，呜咽的河流、倔强的胡杨、曾经的家园，悉数被这漫天黄沙无情埋没。而在这沙漠里，却突兀地冒出了一个绿色生灵，它并不高大的身体顽强地挺立在这无边的沙漠上。在风沙肆虐中骄傲地昂扬着身躯，为寂寥沙海带来了一丝生机。

徐海岩蹲下身，轻抚了一下仙人掌身上的刺。

或许对仙人掌而言，它的一生，便是要去寸草不生的荒芜沙海走一遭，靠自己给这片大漠带来绿色与生存的希望，靠自己改变这片虚无。每个隧道人又何尝不似这一株仙人掌呢？隧道的环境压抑艰苦，而隧道人如果想切实地改变这一切，唯有将自己化作仙人掌，在那荒凉之地深深扎根，靠自己为大地带来些许改变。

暑期短短的隧道初体验，让徐海岩对隧道工人们每况愈下的身体状况感到十分担忧。随着他对尘肺病人呼吸问题的深入了解，他深深意识到了粉尘问题所带来的病痛本不该是这些工人们来承受的。这亟待解决的问题的关键在于三点，其一是从材料本身入手，减小粉尘的产生；其二是从工艺上进行优化，降低隧道内的粉尘浓度；其三是提高企业服务质量，为工人们的身体健康提供更多保障。

为了解决这个问题，徐海岩在同老师商议后，搭建了一个隧道内可实施的系统构建平台。平台大致可分为三个模块，可分别实现隧道内供氧、调温与降低粉尘浓度的功能，能够为工人们改善工作环境，降低患职业病的风险。最终，徐海岩成功地凭借着这个平台的搭建申请了除导师外第一发明人授权专利一项。

自打他热爱上隧道与地下工程这个专业，他愈发勇敢果断了起来，就像一个探险家怀揣着利剑劈开了眼前的荆棘藤蔓。在他看来，隧道与地下工程如今的发展如日中天，但依旧存在许多需要改进、需要创新的地方，当然可能迈出其中的一小步都会很艰难，但是他坚定地告诉自己，自己一定会去做、会继续热爱、会更加坚持，哪怕做出一点点小的推动他也满足。哪怕最后一无所获、只要他去真正奋斗过，就不会有遗憾。

“嘭”，司机师傅满意地关上了发动机盖，连忙招呼车外的两个年轻人上车。“咔”，发动机启动，他们一行人继续驱车前进。

“这车呦，跟着我跑了好几年咧，也有些毛病啦!”师傅摇上了车窗，顺手拧开了车载音响，同年轻人攀谈着。

“这些年啊，这条路我不知道跑了多少遍，这荒漠化现象好多了咧!”师傅探了探头，仔细凝望着眼前的路况，说道，“要说这沙漠里头，还是属胡杨和仙人掌长得最好，不仅活得长久，还能把荒漠化的发展给咱抑制住。”

车窗外，日渐南斜，一株株仙人掌散落在大漠各处。阳光下，它们的身躯显得愈发挺拔。

他的温情

在茫茫沙漠里，仙人掌是最显温情的事物了，一抹充满生命气息的盈盈墨绿，点缀了整片沙漠。它曝晒在灼灼烈日下，习惯了风沙的侵蚀，顽强外表下包裹着的是温柔的水。徐海岩望向窗外，黄沙绵延。每隔数米，便能看到一株小小的仙人掌静静地伫立。它们沉默着不说一语，但却像一泓柔情的泉水，静默地滋养着整片沙漠。

“海岩，怎么发愣呢，收拾收拾下车吧，今天我们还有得忙呢。”老陈亲切地拍了拍他的肩膀。眼前那一幕幕关于过往的回忆突然间戛然而止，他醒了醒神，一同下了车。

夕阳渐沉，霞光满天，微风吹拂。展现在徐海岩面前的，是广袤的丹霞地貌。起起伏伏的峁梁如大海波涛，或深或浅、或明或暗的颜色条带环绕其间，在晚霞的辉映下显得分外妖娆。道路尽头，一群头戴黄色安全帽的隧道工人正朝着他们奋力挥手。“往这边走，已经给你们安排好住宿了！”一张张赤诚的笑脸出现在了他的面前。一路驱车的所见，在靖边出差这段时间住处、食堂、工地三点一线的生活，在旭日东升与落日余晖的光影间，驱车驶离靖边的路上，徐海岩写下了这首《靖边隧记》——

东客窸窣起，旭日升声鸡。
南原驰蜡象，水斧漂流劈。
西风车轮转，昼夜难酣憩。
北坡御黄土，游歌不停息。
春水绕丹霞，阡陌值生机。
夏花落净静，香余牛羊觅。
秋意浓难尽，弯月斜阳栖。
冬矛携坚盾，掘进山河西。
蒙华多宝隧，阳城最珍稀。

一反人们对工科博士的传统印象，学习之余的徐海岩是一个很有生活气息的人。他时常会自己写诗，大多是平日里一些随笔感悟，其中两篇原创诗歌还曾在《溪畔》杂志上发表。有时，他会翻看自己的“诗集”，透过写诗的时间和背景，重新勾起那段时光的回忆。从中慢慢浏览自己的心路变化，从青涩逐渐成熟，从活泼逐渐安静。

最近，他拾起了放下多年的吉他，弹起了自己所爱的歌。采访时，他和笔者分享道：“我打算拉上我一个室友一起，成立一个桥隧博士吉他二人组。”

他顿了顿，笑笑说：“有些事情不能等太久啦。”

他的“荒漠”

“土木工程学院徐海岩，请你准备一下。”

从陕西回来的徐海岩，马不停蹄地投入到了“竢实扬华奖章”答辩的准备进程中，而这一切，也将在今天落下帷幕。

作为第一个上场答辩的候选人，他满怀信心推开门走入教室。他走至答辩台，站定，微笑，鞠躬，从容地望向眼前端坐着的评选老师。“尊敬的老师、亲爱的同学们，大家上午好，我是来自土木工程学院的徐海岩。”深呼吸一口气，他开口说道。

从材料的展示到问题的回答，徐海岩的脑海里慢慢回放着自己研一的这一年。他忘不了清晨踏入实验室的朝阳，忘不了伴随着室友甜梦小心翼翼拨开寝室门的深夜，忘不了施工现场工友们一张张善良真诚的笑脸，忘不了老师的谆谆教诲与师兄们的热情帮助，忘不了朋友的支持与鼓励，忘不了家人的陪伴与牵挂。对他而言，这是他研究生一年时光里最珍贵的财富。

有时，他会想起那株独自生长在毛乌素沙漠边缘的仙人掌，也许它是想换上一身新绿来迎接未来的“黄土地”吧。就像隧道人一样，一条条隧道在他们手底穿山越岭，天堑变通途。他想着有一天再去看看那株仙人掌，低下身，告诉它：“我和你一样，生来就是仙人掌。我也选择了人迹罕至的‘荒漠’，在那里扎根，去奋斗，去带来改变。”

后　记

“一颗永不枯萎的仙人掌，即使不是玫瑰，也会有等待属于我的绽放。”短短数字，是徐海岩的座右铭。

静静伫立在荒漠中的仙人掌，不需要肥沃的土壤与充足的养分，亦不需要温润的气候与充沛的雨水。它坚强地在大漠里生根发芽，独自面对烈日曝晒与狂风洗礼，却也绝不屈服。它就像一位勇敢的战士，身上的利刺是它战胜困难披荆斩棘的武器。它在沙漠里默默地生长。

徐海岩就像扎根在中国大地隧道边的一株仙人掌，风吹雨打，永不枯萎，默默为隧道工程的发展奉献着自己的力量。如今，这株仙人掌迎来了他的光亮，迎来了他的绽放之期。

徐海岩明白，他要做的事情，就在此时，就在此刻，就在此地，就是此身。

扬华研究生新闻中心记者 姚月 报道//何庭君 摄影//罗琦佳 编辑

张海全

烈火见真金，逆境出英雄

秋日里明媚阳光下一阵微风吹过，拂动着湖边垂下的大片金黄色柳枝，它们微微起伏，搅得湖水泛起一阵涟漪。沿着这条小路往前走，走过茅以升先生的雕像，就能看见一座实验楼，安静地伫立在西南交通大学九里校区郁郁葱葱的树木之间，上书“机械馆”三个大字。上午 9 点多，如往常一样，张海全博士正在这栋楼七层的工作室里忙碌着，看着论文，整理着实验数据，时不时和工作室的伙伴们讨论着学术问题。

他高瘦挺拔的身姿充满着活力，清秀有神的脸庞专注而有力量，言谈中透露着随性与大方。在 2017 年的评选中，张海全以 18 位评委 15 票通过的成绩取得了第一名，获得了代表着交大学子最高荣誉的竢实扬华奖章。

莫道浮云终蔽日，严冬过尽绽春蕾

2013年对于张海全来说是难忘的一年。那年新春伊始，当所有人都沉浸在阖家欢乐的气氛中时，他却经历着人生中最为灰暗的一段生活。那一年，在电子科技大学攻读锂离子电池方向的他即将研究生毕业。无奈学校的教务系统瘫痪导致消息未及时下达，使他错过了一场重要的考试。在这之后，更多的困难接踵而来。延期毕业、无缘博士生考试、失恋、工作流失、经济压力，这一切一切都让这个年轻人的身心承受着巨大的压力。

“那时，我一个月只有180元生活费，每天只能吃着最廉价的蔬菜度日。同时，我也承受着高压的思想包袱。”张海全回忆那段曲折坎坷的求学之路时，这样说道。

时间很快到了2014年春天，在小木虫论坛的一次偶遇，他认识了西南交大袁艳平老师。袁老师的风趣幽默、执着勤奋感染着他。在袁老师的鼓励和帮助之下，他决心报考交大。可惜复习时间过短，他没能通过博士生入学考试。

那时的他惶惶不安，意志更加消沉。是节衣缩食继续奋力拼搏，还是放弃梦想外出工作？他陷入其中，不能自拔。“我爱科研，可以为了科研几天里不眠不休，让我放弃它，我怎能做到！但是那时弟弟正贷款念着大学，家里还有一大笔债务急需偿还，父亲身体抱恙、病情反复，我又怎能不工作！”两种思想在张海全心中相互交汇，发生剧烈碰撞。徘徊间，弟弟说道：“哥，没事儿。我还年轻，毕业以后去工作，晚几年再读研，家里的事情你就不要操心了！哥，在我心里，你是没有什么做不到的！”

“我是没有什么做不到的！”张海全在心里默念着这句话，带着弟弟的鼓励，他期盼着、等待着。而后转机奇迹般地出现了！这一年，西南交通大学出台了破格录取政策。硕士期间，张海全凭借自己的勤奋以及对于科研的兴趣，已经发表了2篇SCI论文（A++），另有2篇论文（A++）在投稿中，最终他幸运地以破格录取的身份进入了交大攻读博士学位。直至今日，他始终从心底感激交大，也感激袁老师。

跟硕士阶段研究的锂离子电池方向有所不同，张海全博士阶段的研究方向为供热供燃器通风与空调工程，主要研究内容为热能的收集与应用以及环境温度湿度的控制。跨专业的学习和科研，让张海全的博士生活一开始并不是十分顺利。

古罗马的哲学家塞内加曾经说过“烈火见真金，逆境出英雄。”张海全克服着各方面的困难，为强化科研能力，保持着一年精读 200 篇英文文献的习惯；为了做出稳定可靠的实验数据，他曾经一个人连续闭关实验室 2 个月，期间单次实验最长时间超过 40 个小时，经历过一周坚持五个通宵需定时 5—20 分钟手动记录的数据。博士三年下来，用于实验记录和设计的笔记本超过 10 个。

“这种经历是值得的，也是无悔的。”笔者翻看着张海全记着公式、想法与实验数据的笔记本，能够在字里行间清晰地感受到他对于科研的专注与热情。他所在的暖通专业，向来是比较难发论文的，然而他在博士期间已发表的学术论文达到了 17 篇。SCI 论文 10 篇，其中 7 篇作为学生第一作者，3 篇 A++、4 篇 A+，其中，1 篇影响因子过 8，2 篇 *Nature* 出版，平均影响因子超过 4，同时尚有稿件在撰写和投稿之中。在这期间，他参与自然科学基金项目 3 项，省部级项目 2 项（均为学生第一主研人），获得一次国家奖学金，三次博士研究生三等学业奖学金，参与国际会议 3 次、国内会议 6 次。

目前博四的张海全仍然在继续进行研究，践行着他的“扬华梦”。在去年的札记中，他写道：“在那个心怀天下、雄心不已的时候，我愿成为一个儒雅的科学家。这份坚持，不可谓不难。其中心酸，实在不堪多言。回头看看，这一路跌跌撞撞的探索。我仿佛又明白了什么。成功，是以自己的方式去做。这才是青春的定义。”在竢实扬华奖章答辩中，他以“竢实扬华，自强不息”八字为题，作了一首藏头诗。

我的扬华梦

竢上青城览骄阳，自得天龙神气象；
实水咕咚叶缤纷，强扫秋愁拨青云；
扬泉浅没青石巷，不辞万里奔上清；
华光微显出仓冈，息息自在道通恒。

这首诗描绘了他一路走来的苦乐风景。求学之路实苦，然而张海全却用诗意的视角将之诗化为一种豁达的气度，将之容纳为一种广阔的胸怀。身处寒冬，不去抱怨终日遮天的浮云，而是默默坚持努力，等待春天花蕾的绽放。张海全正是以这样的态度，做到了“竢实扬华，自强不息”，即以一颗坚韧的心等待果实成熟，永远不停歇地去追求自己的理想。

哲学思辨玩科研，赏诗煮酒问茶意

“哲学思辨玩科研，赏诗煮酒问茶意”是张海全在竢实扬华奖章答辩上的演讲题目，这更是他博士生活的真实写照。从事科学研究的同时兼具有人文情怀，成了他独有的科研生活节奏，更是一种他独有的人生趣味。

在硕士阶段，面对高强度的训练，张海全承受着巨大的压力。从研二开始，通过阅读文学作品来缓解压力渐渐成了他的一种习惯。这也使得他开始注重个人的精神修持。从四大名著到《平凡的世界》，从吕思勉老先生的《吕著中国通史》到胡适先生的《中国哲学大纲》，他开始广泛涉猎文学名著。为了常读书，他将部分书籍搬进了实验室，在等待实验数据时见缝插针地读书，每天午睡前也保持着阅读半小时的习惯。

“旧书常读出新意，俗见尽弃做雅人。”张海全努力成为一名具有人文情怀的交大人。在博览了许多经典作品之后，他开始了自己创作。原创小说《江湖梦魂曲》发表在了逐浪网上，获得了 2 万点击率，散文作品《我明白你会来，所以我在等》获得了 3400 的阅读量。

在张海全看来，文学与科研是不冲突的。相反，若是能将两者融会贯通，则具有协同互促的作用。他说道：“贫瘠假以我傲骨，科研假以我方向，文学假以我想象。”他认为，学文学有几点好处：

“首先，可以改善心境。在闭关实验的几个月里，整日里除了轰隆隆的仪器噪声外，寻不着个说话人，那种孤单感足可杀死人。好在找到了书籍，它们成了我的朋友，时刻陪伴，让我在精神上得以解脱。

其次，文学可以强化人格。人的生命里将会遇到不计其数的风波、瓶颈与诱惑。只有拥有强大的人格，才能摆脱困难，涅槃重生；才能心无旁骛，根据本心指引，到达彼岸。

第三，文学可以与工作融为一体。文学是发散性思维，它可以摆脱科学那严密逻辑思维的束缚，让我拥有源源不断的创造力。科研上尽管我已经取得了一些成果，可真正待研究的创新点子还有数十个。这要得益于文学带给我的灵感。

第四，文学可以带来浪漫。每当对于生活有所感悟的时候，我总习惯写下来，或是一段优美的文字，或是一篇散文，或是一首小诗。”

今年5月5日，张海全与爱人步入了婚姻的殿堂，为了纪念这一刻，他赋诗一首，将“我快领证，五月五号”八字藏匿在对角线上，这是他生活中别样的浪漫。

游青城

我欲南山观风景，五年七回此间过。
马快鞭扬过长林，今月方知快活林。
来时领得三江月，来岁五月赶答辩。
自顾风证送波里，从此别号万里行。

这首诗也记录了他在人生贫困时节得遇佳偶的幸福心情。同时他也以此警示自己要做到始终如一、尊重爱护妻子。科研之余，他总是把时间留出来多陪陪爱人、有时会写诗向她表达情感，周末也会去看看两家的父母、见见朋友。

张海全常以《礼记·大学》篇中正心、诚意、致知、格物的精神鼓舞自己、磨砺自己，这种信念使他不仅以格物致知的态度搞好了科研，同时也用真诚的态度对待生活。博士毕业后的他将踏上工作岗位，凭借多年之所学，来从事科研与教书育人，把自己对学习、生活的体会传递给学生，将“竢实扬华，自强不息”的交大精神延续并发扬光大，实现一个又一个的扬华梦。

问&答

记者：从硕士到博士那一阶段，您承受了很多方面的压力。比如每个月只有180元的生活费同时家里还有近10万的债务需要偿还的经济压力，比如放弃已经钻研多年的热门专业转而研究从未接触过的暖通专业的学业压力等等。只面临其中之一有的人或许就被压垮了，而面对这一切压力您是怎么扛下来的？是什么力量支撑着您？

张海全：我曾经做过家教、司仪，发过传单，也曾在凌晨与妈妈在天桥下、交大外卖过炒饭。目前，在没有耽误学业的情况之下，我已经偿还了债务5万元，并且用余下的少量钱财筹办了一个简单的婚礼。这一点我很自豪。

离开电子科大的实验室，放弃之前自己辛苦工作的成果，我心中当然非常纠结和不舍。但是由于一系列因素，为了继续心中的科研梦，我只能放弃这一切。当时很幸运在小木虫论坛上遇到了袁艳平老师，来到了交大。来到交大的第一年也是磕磕绊绊，生活、学习也有很多需要磨合的地方。

那段时间确实是一段灰色的时光，但是在我心里一直有一段记忆。那年我在离家几十千米外的地方念高中，为了省两三块钱，借了同学的自行车，冒着烈烈寒风与绵绵细雨回家。那时冬天还未真正离开，三四个小时下来，一双手全是冻疮。为了按时上课，第二天凌晨三四点我又冒雨出发。弟弟那时在镇里念初中，甘愿陪我上路。因天太黑，路太滑，四千米的路程我俩用了一个多小时。街上偶有灯光，我才发现弟弟的一双布鞋湿透了。我问他怎么办？他说："没事，穿干就行了。"当时的我心痛，又无能为力。我竟贫穷得买不起一双鞋！此后我告诉自己"这样的事情，我不想再发生了！" 当时的心情是一种无能为力的复杂情感，面对最亲的人，想要爱护却一点办法也没有。每当熬不下去的时候，我会想起这个故事，然后继续走。

刚来交大的一年里，的确在物质、精神世界受到了严重的冲击，心情十分压抑苦闷，但是也没有放下手中要做的事情。博士期间的第一篇论文被十几个杂志社拒稿，前前后后经历了几十次修改，耗费一年时光，我没有放弃。所幸的是，它也没有放弃我，被收录在了A+类SCI期刊里。此时回顾，这样的坚韧是值得的，是无悔的。

记者：您主要研究的成果有哪些，可以给大家介绍一下吗？

张海全：主要的科研成果，先分享几个吧，大多都是在博二、博三的时候做出来的。

第一个是"化学吸附试剂稳态方程的研究"。可以这么理解，以前的空调降温主要是用电能，为了节约能源，研究者们开始研究吸附除湿、控温。我提出了一个关于化学吸附剂的稳态吸附方程。这个方程为研究吸附剂指明了方向。

第二个是柔性相变材料的制备。如冰等晶体材料表现出极高的抗压强度，这个给冰敷等带来了困难。我们能否制备柔性的结晶体呢？面团、橡皮泥的宏观实物给予了我启示。我们只要将液体均匀分散在结晶体中，便能得到柔性材料。根据这种思想，我们制备了一种聚合物凝胶（主要成分是相变材料，熔点在25—55 °C）。它在20—80 °C温度区间内，保持全固态形状，在外力作用下，像橡皮泥一样发生形变。这种聚合物凝胶在未来有很广阔的应用背景。夏天，可用它来制备凉垫、水床、衣服乃至凉鞋。冬天，将之与电能结合，可制备柔性电热毯等。

第三个是电热相变材料的制备。电热相变材料可以更好地导电、导热，可以针对性地解决现在市面上电热毯不够安全的问题。同时这种材料足够抗压，使得由他制成的电热毯更加安全。同时，在断电以后，“新电热毯”能持续供热。

还有一个就是热湿复合材料的制备。这是一种纳米级的材料，内层是具有吸附能力的材料，外层被柔性相变材料包裹，结合了第一个和第三个的研究成果。这种复合材料可以内外配合，外面的材料辅助里面吸水，提升吸附速率，而且熔点可调，整体性能更好。

从生活中的现象中我发现了一些问题，接着思考其是否具有使用价值和应用背景，再去结合自己已有的知识再去思考、开发。这些成果多是这样得出的。

记者：对于科研您有什么自己的好习惯给大家分享吗？

张海全：我认为从事科研最好的习惯就是——喜欢它。喜欢这种创造的感觉，感受一个东西从无到有、从不可能到可能的乐趣。每当做出一些新的东西，我就会感到非常开心。研二下学期的时候，我投了我的第一篇论文，3 天后就被接收了，这让我很受鼓舞。

再有，就是要多思考多想。想象是创造力的来源。我平时喜欢看一些文学作品、诗歌，也喜欢和他人一起聊聊天，很多阅读和交流中用到的思维都可以运用到科研上面，用不同的角度去思考问题，就能有不同的新发现。同时，在生活中也要多观察多想，把生活和科研融为一体，生活中发现的问题尝试用科研的方法去解决。这也正是使用价值和应用背景之所在。

最后，就是要善于总结，把自己的想法记在笔记本上，自己以前写的文章和笔记时常翻一翻，就能够“温故而知新”。往往在自己已经做好的成果之上再进一步去研究，就会再取得新的成果。

另外，要避免不敢想、胆小这种心态。不要只拘泥于导师所布置的任务，被动地去完成，而是要主动起来自己去大胆设想、多做努力，才能够把具有创造性的科研做好。

记者：您有没有什么寄语想分享给学弟学妹们？

张海全：一定要让自己活得够精彩，活出真我。同时，作为一个年轻人要耐得住寂寞，保持住自己的本心，去做一些有意义的事情。“穷则独善其身，达则兼济天下”，把自己的个人价值和社会价值结合起来，通过自己的努力，去创造一些使社会变得更好的东西。要有上进心，要始终相信机会永远是留给有准备的人的。最后，祝愿咱们交大学子们，既活得潇潇洒洒，又实现满腔抱负，祝愿咱们交大蒸蒸日上，引领西南，早日屹立于世界一流学府中。

扬华研究生新闻中心记者 魏江楠 报道//牟祎 摄影//罗琦佳 编辑